本书是山东省高等学校人文社会科学研究计划项目（J16YB08）"我国环境污染刑事治理路径研究"结题成果之一

污染环境罪刑事惩治研究

马聪 著

WURAN HUANJINGZUI
XINGSHI CHENGZHI YANJIU

知识产权出版社
全国百佳图书出版单位
—北京—

图书在版编目（CIP）数据

污染环境罪刑事惩治研究／马聪著 . —北京：知识产权出版社，2020.7
ISBN 978-7-5130-7008-9

Ⅰ.①污… Ⅱ.①马… Ⅲ.①破坏环境资源保护罪—刑法—研究—中国 Ⅳ.①D924.364

中国版本图书馆 CIP 数据核字（2020）第 102529 号

内容提要

我国现有刑事立法与司法解释为污染环境罪的刑事司法提供了参考依据。然而，刑事司法裁判显示，我国环境污染刑事司法依然面临重重困境。环境污染刑事惩治不仅取决于刑法条文的科学合理，更受制于环境污染刑事政策的构建、环境行政执法对环境刑事司法的影响、刑事实体法与刑事程序法之间的协调。

马克思主义生态观阐释了人与自然、人与人以及人与社会的辩证关系，蕴含了可持续发展的思想，而我国绿色发展观又是对可持续发展观的继承与发展。本书在借鉴美国、德国、日本等国家环境污染刑事治理理念与治理技术的基础上，探索我国污染环境罪刑事惩治的政策选择、刑事实体法与刑事程序法的路径展开。环境污染刑事政策受到我国基本环境政策和基本刑事政策的影响，应提倡经济发展与生态环境之间的相互促进、协调发展，在两者冲突时，以生态环境优先，同时要贯彻宽严相济的刑事政策。环境污染刑事实体法应恪守刑法谦抑性，维护环境刑法之独立，突出保护环境法益，准确界定抽象危险犯之边界，采取双重罪过形态，严格限定共犯处罚范围，充分发挥单位犯罪之效能，完善污染环境罪之处罚方法。环境污染刑事程序法应丰富刑事立案来源，鼓励公众参与刑事程序启动，明确行政证据与刑事证据的衔接，加强人民检察院对环境刑事司法的监督，逐步构建环境警察制度。

责任编辑：彭小华　　　　　　　　责任校对：潘凤越
封面设计：刘　伟　　　　　　　　责任印制：孙婷婷

污染环境罪刑事惩治研究
马　聪　著

出版发行：知识产权出版社有限责任公司	网　　址：http://www.ipph.cn
社　　址：北京市海淀区气象路 50 号院	邮　　编：100081
责编电话：010-82000860 转 8115	责编邮箱：huapxh@sina.com
发行电话：010-82000860 转 8101/8102	发行传真：010-82000893/82005070/82000270
印　　刷：北京建宏印刷有限公司	经　　销：各大网上书店、新华书店及相关专业书店
开　　本：720mm×1000mm　1/16	印　　张：8
版　　次：2020 年 7 月第 1 版	印　　次：2020 年 7 月第 1 次印刷
字　　数：150 千字	定　　价：40.00 元
ISBN 978-7-5130-7008-9	

出版权专有　侵权必究
如有印装质量问题，本社负责调换。

目 录
CONTENTS

引　言 …………………………………………………………… 001

第一章　我国环境污染刑事司法适用考察 ……………………… 007
第一节　我国污染环境罪之立法变迁 ……………………… 007
第二节　我国环境污染刑事司法现状考察 ………………… 010

第二章　环境污染刑事惩治之相关背景 ………………………… 019
第一节　马克思主义生态观的基本内容 …………………… 019
第二节　当今中国社会可持续发展面临的挑战 …………… 022
第三节　我国环境刑法伦理基础之选择 …………………… 024

第三章　污染环境罪之刑事政策构建 …………………………… 028
第一节　环境污染刑事政策之含义 ………………………… 028
第二节　环境污染刑事政策之价值分析 …………………… 033
第三节　我国环境污染刑事政策之构建 …………………… 036

第四章　污染环境罪刑事惩治之刑法进路 ……………………… 042
第一节　环境刑法变迁之于刑法的谦抑性 ………………… 042
第二节　污染环境罪之法益定位 …………………………… 044
第三节　污染环境罪之行政从属性 ………………………… 048
第四节　污染环境罪之犯罪形态 …………………………… 051

第五节 污染环境罪之罪过形态 …………………………………… 053
第六节 污染环境罪之共同犯罪 …………………………………… 059
第七节 污染环境罪之单位犯罪 …………………………………… 064
第八节 污染环境罪之处罚方法 …………………………………… 066

第五章 污染环境罪刑事惩治之程序法进路 ……………………… 074

第一节 环境污染刑事诉讼程序之启动 …………………………… 074
第二节 污染环境罪之证据衔接 …………………………………… 087
第三节 检察机关环境污染刑事司法监督 ………………………… 093
第四节 推进设立环境警察制度 …………………………………… 100

结　语 ……………………………………………………………………… 105

参考文献 …………………………………………………………………… 107

后　记 ……………………………………………………………………… 121

引 言

人类社会经历了从农业文明到工业文明的转型，伴随而来的是生态环境的恶化和自然资源的枯竭。世界各国在工业文明的进程中均要面对经济发展与生态环境的冲突与平衡。21世纪以来，我国在取得经济高速发展的同时，无疑也付出了沉重的环境代价，环境污染问题愈发严峻。2009年湖南浏阳镉污染、2010年福建紫金矿业溃坝、2011年云南曲靖铬渣污染、2012年广西龙江镉污染、2013年全国大部分城市的雾霾污染、2017年天津静海万亩坑塘污染、2018年福建泉港碳九泄漏事故等环境污染事件令民众触目惊心。告别天空中的雾霾，早日寻回失去的绿水青山、蓝天白云，成为全体国民的心愿。国家和民众开始为保护生态环境进行不懈的努力。

20世纪90年代，我国开始关注环境刑法立法工作，1997年《中华人民共和国刑法》（以下简称《刑法》）第六章第六节"破坏环境资源保护罪"分"污染环境"与"破坏生态"两类，共规定14个罪名，环境污染刑事立法日臻完善。然而"徒法不足以自行"，同期我国"重大环境污染事故罪"的刑事司法裁判却屈指可数，立法与司法之间出现严重断层。2011年5月施行的《中华人民共和国刑法修正案（八）》（以下简称《刑法修正案（八）》）以"污染环境罪"取代了"重大环境污染责任事故罪"，最高人民法院、最高人民检察院于2013年6月发布，2016年11月修订的《关于办理环境污染刑事案件适用法律若干问题的解释》（以下分别简称2013年《环境污染解释》和2016年《环境污染解释》）进一步明确了污染环境罪在刑事司法中的适用，尤其是在2014年十八届四中全会提出"建设生态文明法律制度"后，我国环境污染执法政策开始由"宽松"走向"零容忍"，刑事司法裁判阙如的现象开始得到扭转。2018年全国生态环境保护大会召开，习近平总书记发表重要讲话，生态文明的思想正式确立。第十三届全国人民代表大会第一次会议表决通过宪法修正案，将新发展理念、生态文明和建设美丽中国写入宪法。2018年3月设立生态环境部，统一行使生态和城乡各类污染排放监管与行政执法职责，并组建生态环境保护综合执法队伍。

但与此同时，我国环境污染刑事惩治之路依然任重而道远。世界范围内的环境刑法均曾面临立法上激进、执法上保守、司法上衰微的命运，我国环境污染刑事司法能否承载法益保护最后屏障的功能，环境污染违法制裁体系能否满足环境政策对其的应然需求，尚需实践检验。

当今中国，深入环境污染刑事司法实践，探索我国环境污染刑事惩治路径具有重要的理论与实践意义。

其一，丰富我国污染环境罪的基本理论研究。我国污染环境罪的保护法益、罪过形态、犯罪形态、共同犯罪、刑罚适用、行政执法与刑事司法衔接、检察监督等问题在刑法和刑事诉讼法理论界仍充满争议，对这些问题的研究有助于厘清理论学说中的纷争，明晰相关问题的解决思路。

其二，指导我国污染环境罪的刑事司法实践。本书深入我国污染环境罪的司法实务，分析司法适用中面临的问题，并以此作为研究的基础，为该罪法条的教义学解释提供思路。刑法是一把双刃剑，必须在法益保护与人权保障间保持平衡。"零容忍"环境污染刑事政策下，我国环境刑事司法者亦应保持客观与理性，立足于司法实践，忠实于法律文本，合理解释环境污染犯罪的构成要件、恰当追究环境污染犯罪的刑事责任，以免出现"矫枉过正"的误区。

西方工业革命的经济转型之路，亦成为环境刑法萌芽、勃兴与成熟的演进之路。20世纪六七十年代，各国学者针对环境犯罪展开了广泛而深入的研究。如美国学者Sally M. Edwards，Terry D. Edward与Charles B. Fields编写的《环境犯罪、环境理论与实际问题》，Yingyi Situ与David Emmons所著的《环境犯罪：刑事司法体系在环境保护中的角色》等。

大陆法系的著作有德国学者Horsf Franzheim所著的《环保刑法》、Erich Samson所著的《环境刑法的基本原理和问题》，日本学者藤木英雄所著的《公害犯罪》[1]、中山研一所著的《环境刑法概说》[2]、伊东研祐所著的《环境刑法研究序说》[3]、西田典之所著的《环境犯罪与证券犯罪》[4]、浅田和茂所著的《日本环境刑法的现状与问题》[5]、米田泰邦所著的《机能刑法与过失：交通刑

---

[1] [日] 藤木英雄：《公害犯罪》，丛选功，等，译，中国政法大学出版社1992年版。
[2] [日] 中山研一，等：《环境刑法概说》，成文堂2003年版。
[3] [日] 伊东研祐：《环境刑法研究序说》，成文堂2003年版。
[4] [日] 西田典之：《环境犯罪与证券犯罪》，成文堂2009年版。
[5] [日] 浅田和茂："日本环境刑法的现状与问题"，王正明译，见《环境刑法国际学术研讨会论文集》1992年版。

法与环境刑法的课题》等。①

我国台湾地区"环境刑法"的代表性著述有郑昆山教授的《环境刑法之基础理论》②、叶俊荣教授的《环境政策与法律》③ 等。20世纪90年代，我国大陆学者开始关注环境犯罪，研究视野日益开阔而且著述颇丰。主要集中在：一是对环境犯罪理论与实务的研究，如杨春洗教授等的《危害环境罪的理论与实务》④、付立忠教授的《环境刑法学》⑤、吴献萍教授的《环境犯罪与环境刑法》⑥、蒋兰香教授的《环境犯罪基本理论研究》、冯军教授等主编的《环境犯罪刑事治理机制研究》、赵星教授的《环境犯罪论》⑦。二是对环境犯罪立法问题的研究，如周峨春博士、孙鹏义博士的《环境犯罪立法研究》⑧、赵秉志教授主编的《环境犯罪及其立法完善研究》⑨。三是对环境犯罪的比较研究，如赵秉志教授等的《环境犯罪比较研究》⑩，我国香港地区学者卢永鸿教授的《中国内地与香港环境犯罪的比较研究》⑪ 等。四是对环境犯罪刑事责任研究，如张梓太教授的《环境法律责任研究》⑫、雷鑫博士的《生态现代化语境下的环境刑事责任研究》⑬，另有学者从刑事一体化角度研究环境刑法，如傅学良教授的《刑事一体化视野中的环境刑法研究》⑭ 等。然而，我国环境污染犯罪在以下方面仍有深入研究的必要。

其一，随着环境污染执法政策由宽松到"零容忍"的转变，环境刑事司法呈现出前所未有的欣欣向荣的局面，然而对刑事司法如何在法益保护与人权保障间保障平衡，刑法解释的边界何在尚需进一步思考。修订后的污染环境罪"严重污染环境"的模糊表述给刑事司法判定带来困难，司法解释建立了多元法益侵害的判定标准，彰显了我国严厉打击环境污染犯罪的政策立场。然而污染环境罪刑事一审判决显示，我国环境污染刑事司法依然面临环境污染罪责主

---

① [日] 米田泰邦：《机能刑法与过失：交通刑法与环境刑法的课题》，成文堂1994年版。
② 郑昆山：《环境刑法之基础理论》，五南图书出版有限公司1998年版。
③ 叶俊荣：《环境政策与法律》，中国政法大学出版社2003年版。
④ 杨春洗：《污染环境罪的理论与实务》，高等教育出版社2003年版。
⑤ 付立忠：《环境刑法学》，中国方正出版社2001年版。
⑥ 吴献萍：《环境犯罪与环境刑法》，知识产权出版社2010年版。
⑦ 赵星：《环境犯罪论》，中国人民公安出版社2011年版。
⑧ 周峨春、孙鹏义：《环境犯罪立法研究》，中国政法大学出版社2015年版。
⑨ 赵秉志主编：《环境犯罪及其立法完善研究》，北京师范大学出版社2011年版。
⑩ 赵秉志、王秀梅、杜澎：《环境犯罪比较研究》，法律出版社2004年版。
⑪ 卢永鸿：《中国内地与香港环境犯罪的比较研究》，中国人民公安大学出版社2005年版。
⑫ 张梓太：《环境法律责任研究》，商务印书馆2004年版。
⑬ 雷鑫：《生态现代化语境下的环境刑事责任研究》，知识产权出版社2010年版。
⑭ 傅学良：《刑事一体化视野中的环境刑法研究》，中国政法大学出版社2015年版。

体的甄别、环境污染罪过形态之争、抽象危险犯是否被过度适用、环境污染单位犯罪惩治不力、因果关系证明路径的模糊、污染环境罪共犯处罚范围不明、生态修复刑事责任的定位问题、行政罚款能否折抵罚金刑罚等诸多疑难问题。

其二，环境污染刑事司法实证考察尚且不足。相比刑事立法和理论研究的朝气蓬勃，我国学者对环境污染刑事司法现状的关注明显不足。具有代表性的如吕忠梅教授等对我国环境司法现状的实证研究①，吴卫星博士对环境权入宪问题的实证研究②，在刑事司法领域有王树义教授、冯汝博士对环境刑事司法困境的考察③，焦艳鹏博士的《我国环境污染刑事判决阙如的成因与反思——基于相关资料的统计分析》④。2013 年《环境污染解释》出台后，对环境污染刑事司法运行状况的系统性实证考察依然比较缺乏。

其三，对我国环境污染刑事诉讼的整体研究相比于刑事实体法而言相对匮乏。我国环境刑事诉讼研究开始于付立忠教授的《试论我国的环境刑事诉讼程序》⑤。对环境刑事诉讼程序较为全面而深入研究，主要有李华博士的《我国环境刑事诉讼程序规则研究》⑥ 等。在环境污染刑事司法领域，学者们普遍关注对环境污染行政执法与刑事司法的衔接研究，如董邦俊教授的《论我国环境行政执法与刑事司法之衔接》⑦，赵旭光博士的《"两法衔接"中的有效监督机制——从环境犯罪行政执法与刑事司法切入》⑧，侯艳芳教授的《环境资源犯罪常规性治理研究》⑨ 等。而对于环境污染刑事诉讼的系统研究相对比较缺乏。

污染环境罪的刑事惩治是一个综合性体系，需要行政执法与刑事司法的衔接、刑事实体法与刑事程序法的合力。本书秉持发现问题—分析问题—解决问题的思路，将《刑法》第 338 条污染环境罪的司法适用作为考察对象，以中国裁判文书网为检索平台，搜集我国环境污染刑事司法裁判，以此为基础剖析我

---

① 吕忠梅：《环境司法专门化：现状调查与制度重构》，法律出版社 2017 年版。
② 吴卫星：《环境权理论的新展开》，北京大学出版社 2019 年版。
③ 王树义、冯汝："我国环境刑事司法的困境及其对策"，载《法学评论》2014 年第 35 卷第 3 期。
④ 焦艳鹏："我国环境污染刑事判决阙如的成因与反思——基于相关资料的统计分析"，载《法学》2013 年第 36 卷第 6 期。
⑤ 付立忠："试论我国的环境刑事诉讼程序"，载《中国人民公安大学学报》1996 年第 12 卷第 3 期。
⑥ 李华：《我国环境刑事诉讼程序规则研究》，中国政法大学出版社 2017 年版。
⑦ 董邦俊："论我国环境行政执法与刑事司法之衔接"，载《中国地质大学学报》（社会科学版）2013 年第 13 卷第 6 期。
⑧ 赵旭光："'两法衔接'中的有效监督机制——从环境犯罪行政执法与刑事司法切入"，载《政法论坛》2015 年第 36 卷第 6 期。
⑨ 侯艳芳：《环境资源犯罪常规性治理研究》，法律出版社 2017 年版。

国环境污染刑事司法现状及存在的困境，并试图借鉴国外环境污染犯罪治理的先进经验，寻求破解我国环境污染刑事司法困境的有效路径。

本书主要运用实证研究方法、比较研究方法、体系研究方法等进行研究。首先，实证研究方法。正如霍姆斯所言，"法律的生命在于经验，而非逻辑"。本书考察我国污染环境罪的刑事司法现状，以2013年《环境污染解释》为时间界点，将环境污染刑事裁判文书分为屈指可数阶段与蓬勃发展阶段，重点以蓬勃发展阶段为研究对象，搜集2014年至2018年污染环境罪一审判决7838份，从地域分布、诉讼主体、行为方式、主观罪过、司法证明、刑罚情况、法律适用等方面进行数据分析、比对，作为本书深入研究的实证基础。

其次，比较研究方法。环境污染是世界各国在经济和社会发展中面临的共同难题。20世纪中叶，美、日、德等西方国家也曾面临严重的环境污染，鉴于环境行政违法成本过低，很难达到对环境违法治理的目的，各国开始逐步改革环境刑事司法状况，严惩环境污染刑事犯罪。本书在分析我国环境污染刑事司法困境的基础上，借鉴上述发达国家环境污染犯罪的治理理念与治理技术，探索提高我国环境污染刑事惩治能力的路径。

最后，体系研究方法。正如罗可辛所言，体系是一个法治国刑法不可放弃的因素。体系研究在刑法学研究中意义重大。我国正处于犯罪论的理论转型时期，体系研究在刑法学研究中的作用凸显。本书采用了体系研究方法，在考察污染环境罪司法适用现状的基础上，分析污染环境罪刑事惩治的理论支撑，并从刑事政策、刑事实体法与刑事程序法3个层面分析我国污染环境罪的刑事惩治路径。

本书尝试将2013年《环境污染解释》发布作为时间界点，以我国刑事司法裁判文书为研究样本，重点考察环境污染刑事司法蓬勃发展阶段之后的司法现状，并以此作为本书论证的实践基础。书中深入分析了我国污染环境罪刑事司法适用面临的困境，并从刑事政策、刑事实体法和刑事程序法3个角度探索我国污染环境罪刑事惩治完善之路径。

在刑事政策选择方面，主张应重视经济发展与环境保护的协调发展，贯彻宽严相济的刑事政策。在经济发展与环境保护相冲突时，应在尊重人类基本生存权利的基础上，以环境保护为优先。我国现阶段已经能够满足人类基本生存的权利，因而应以环境保护为优先。

在刑事实体法方面，司法者的目光要往返于案件事实和法律规范之间，污染环境罪的司法判定应充分发挥法益的解释论机能，保持刑法的谦抑性。本书围绕污染环境罪的犯罪构成、单位犯罪、共同犯罪、刑罚适用等具体问题展开深入论证。主张我国环境污染刑事司法解释将行为犯与结果犯并列，降低了污染环境罪的入罪门槛，但在司法实践中，却不宜过度适用抽象危险犯，要结合案件事实，对危害行为与后果作出多方考量。我国污染环境罪的刑事立法与司法解释决定了该罪的罪过形态至少应为过失，但并不排斥故意。对污染环境罪共同犯罪的惩治，应建立双层次正犯与共犯区分体系，在定罪阶段，应以正犯为中心，认定教唆犯与帮助犯，解决共犯的处罚范围问题；而在量刑阶段，进行主犯与从犯的区分。单位犯罪"直接主动控制"的传统理论不利于对环境污染企业刑事责任的追究，单位犯罪中存在3类主体，应对不同主体设置不同的注意义务，且引入单位监督过失责任，优化单位犯罪的司法证明。污染环境罪的刑罚适用，应完善罚金刑的适用、规范缓刑的适用、明确从业禁止制度、加强污染环境罪的生态修复责任的适用。

在刑事程序法方面，缺乏公众参与是我国环境污染刑事司法动力不足的重要原因，在刑事诉讼中应赋予被害人以救济权利，加强信息公开和公众组织参与以扩充环境污染刑事案件的立案来源。环境问题不应成为中国之殇，我国环境污染刑事司法困境的破解需要制度上的合力，用刑法、刑事诉讼法共同应对环境污染困境的挑战，更好地保护生态环境，建设美丽中国。

第一章

我国环境污染刑事司法适用考察

第一节 我国污染环境罪之立法变迁

我国的环境刑事立法可追溯至20世纪70年代末。40余年间,污染环境罪的立法主要经历以附属刑法调整为主阶段、"重大环境污染事故罪"阶段和"污染环境罪"阶段。

一、附属刑法调整为主阶段

我国在经济社会发展初期,对于生态环境保护缺乏认识与关注。20世纪70年代,环境污染问题已经开始在我国爆发。1972年,陆续发生大连湾污染事件、北京鱼污染事件、松花江水系污染事件等,环境保护问题开始走进政府和民众的视野。1979年《刑法》并未规定污染环境犯罪,环境污染的刑法规制主要依靠附属刑法来完成。1982年《中华人民共和国宪法》(以下简称《宪法》)第9条、第26条规定了环境保护的原则。1979年《中华人民共和国环境保护法(试行)》(以下简称1979年《环境保护法(试行)》)规定追究污染环境罪刑事责任的条款。① 同时1984年通过的《中华人民共和国水污染防治法》(以下简称《水污染防治法》)第43条规定,"违反本法规定,造成重大水污染事故,导致公私财产重大损失或者人身伤亡的严重后果的,对有关责任人员可以比照《刑法》第115条或者第187条的规定,追究刑事责任",即按照"重大

---

① 1979年《环境保护法(试行)》第33条第2款规定,对严重污染和破坏环境,引起人员伤亡或者造成农、林、牧、副、渔业重大损失的单位的领导人员、直接责任人员或者其他公民,要追究行政责任、经济责任,直至依法追究刑事责任。

责任事故罪"或者"玩忽职守罪"追究刑事责任。1987 年通过的《中华人民共和国大气污染防治法》（以下简称《大气污染防治法》）第 38 条规定，"造成重大大气污染事故，导致公私财产重大损失或者人身伤亡的严重后果的，对有关责任人员可以比照《中华人民共和国刑法》第 115 条或者第 187 条的规定，追究刑事责任"。1989 年公布并正式施行的《中华人民共和国环境保护法》（以下简称《环境保护法》）第 43 条规定，"违反本法规定，造成重大环境污染事故，导致公私财产重大损失或者人身伤亡的严重后果的，对直接责任人员依法追究刑事责任"。《刑法》规定的危害公共安全罪、破坏社会主义市场经济秩序罪、妨害社会管理秩序罪以及渎职罪有规制环境污染犯罪行为的相关条款。但是在同期我国司法实践中，因为环境污染而被追究刑事责任的案件则屈指可数。

二、"重大环境污染事故罪"阶段

我国 1997 年《刑法》在第六章第六节规定了"破坏环境资源保护罪"，并在其中第 338 条规定了"重大环境污染事故罪"，即"违反国家规定，向土地、水体、大气排放、倾倒或者处置有放射性的废物、含传染病病原体的废物、有毒物质或者其他危险废物，造成重大环境污染事故，致使公私财产遭受重大损失或者人身伤亡的严重后果的，处 3 年以下有期徒刑或者拘役，并处或者单处罚金；后果特别严重的，处 3 年以上 7 年以下有期徒刑，并处罚金"。

重大环境污染事故罪的主观要件为"过失"，同时只有在污染环境行为造成"重大环境污染事故"且致使"公私财产遭受重大损失或者人身伤亡的严重后果"时，才能成立该罪。"重大环境污染事故"本身无法作为入罪标准，最终要通过"公私财产"和"人身伤亡"的后果来判定。[①] 该罪的立法明显是以人类法益为中心，环境本身没有成为刑法保护的对象。由于环境法益保护的严重滞后，我国环境污染刑事司法的裁判数量屈指可数。2001 年至 2010 年，全国环境污染刑事既判案件总计 37 个。[②]

[①] 2008 年 6 月 25 日最高人民检察院、公安部发布《关于公安机关管辖的刑事案件立案追诉标准的规定（一）》第 60 条规定，重大环境污染事故罪的追诉情形为：（一）致使公私财产损失 30 万元以上的；（二）致使基本农田、防护林地、特种用途林地 5 亩以上，其他农用地 10 亩以上，其他土地 20 亩以上基本功能丧失或者遭受永久性破坏的；（三）致使森林或者其他林木死亡 50 立方米以上，或者幼树死亡 2500 株以上的；（四）致使 1 人以上死亡、3 人以上重伤、10 人以上轻伤，或者 1 人以上重伤并且 5 人以上轻伤的；（五）致使传染病发生、流行或者人员中毒达到《国家突发公共卫生事件应急预案》中突发公共卫生事件分级Ⅲ级以上情形，严重危害人体健康的；（六）其他致使公私财产遭受重大损失或者人身伤亡的严重后果的情形。

[②] 焦艳鹏："我国环境污染刑事判决阙如的成因与反思——基于相关资料的统计分析"，载《法学》2013 年第 36 卷第 6 期，第 75 页。

工业化进程中的中国,环境污染事故频发,而且已经严重入侵公众生活,在此背景下,环境污染刑事司法裁判案件如此匮乏不符合正常逻辑。实践表明,该阶段我国环境污染领域,行政执法以罚代刑情况严重,环境污染违法成本明显低于守法成本,存在大量犯罪黑数,以行政罚款为核心的环境行政执法明显缺乏威慑力,环境刑事司法又无法承载法益保护最后屏障的功能,环境违法制裁体系难以满足环境政策对其的应然需求。

三、"污染环境罪"阶段

《刑法修正案(八)》用"污染环境罪"[①]取代"重大环境污染事故罪",降低了该罪的入罪条件。其中排放物质用"有害物质"代替了"危险废物";客观构成用"严重污染环境"取代了"造成重大环境污染事故,致使公私财产遭受重大损失或人身伤亡的严重后果";同时取消了"土地""水体""大气"的排放、倾倒、处置的对象限制。污染环境罪在破坏环境资源保护类犯罪中的地位凸显。然而,同期我国环境污染刑事立法与刑事司法之间却出现严重的断层,2011年我国环境行政处罚案件119 333件,而"污染环境罪"司法裁判案件数量仅为26件。[②] 刑事立法"严重污染环境"的客观构成要件表述具有模糊性,我国司法实践并未因此出现根本改观。

最高人民法院、最高人民检察院于2013年6月发布,2016年11月修订了《环境污染解释》。2014年6月最高人民法院设立环境资源审判庭,2015年1月1日开始实施的《环境保护法》被称为史上最严的环保法[③]。2019年2月,最高人民法院、最高人民检察院、公安部、司法部、生态环境部发布《关于办理环境污染刑事案件有关问题座谈会纪要》(以下简称2019年《环境污染会议纪要》)。重典治污能否就此推动我国环境污染刑事司法良好运行,环境污染刑事惩治的效果依然有待实践考验。

---

① 《刑法修正案(八)》将第338条修正为,违反国家规定,排放、倾倒或者处置有放射性的废物、含传染病病原体的废物、有毒物质或者其他有害物质,严重污染环境的,处3年以下有期徒刑或者拘役,并处或者单处罚金;后果特别严重的,处3年以上7年以下有期徒刑,并处罚金。

② 王树义、冯汝:"我国环境刑事司法的困境及其对策",载《法学评论》2014年第35卷第3期,第123页。

③ 如《环境保护法》第63条列举了污染环境可能成立犯罪的四种情形:(一)建设项目未依法进行环境影响评价,被责令停止建设,拒不执行的;(二)违反法律规定,未取得排污许可证排放污染物,被责令停止排污,拒不执行的;(三)通过暗管、渗井、渗坑、灌注或者篡改、伪造监测数据,或者不正常运行防治污染设施等逃避监管的方式违法排放污染物的;(四)生产、使用国家明令禁止生产、使用的农药,被责令改正,拒不改正的。

第二节　我国环境污染刑事司法现状考察

我国现行刑法与环境污染相关的罪名有"污染环境罪""非法处置进口固体废物罪""擅自进口固体废物罪"与"环境监管失职罪"。本书拟以《刑法》第338条"污染环境罪"为考察对象,并以2014～2018年我国环境污染刑事一审判决作为实证重点展开研究。

2013年《环境污染解释》发布之前,我国因污染环境而被定罪的被告人与刑事案件数量均极为有限。《环境污染解释》体现了我国严厉打击环境污染犯罪的政策立场,其中2013年《环境污染解释》第1条列举"严重污染环境"的14种具体类型,2016年《环境污染解释》进一步将具体类型扩张为18种。刑事司法判定上将法益保护提前,使污染环境罪具有行为犯与结果犯并列的情形。此后,我国环境污染执法政策由"宽松"走向"零容忍",刑事司法裁判阙如的现象得到根本扭转,司法裁判渐入正轨。刑事司法裁判文书是我国环境污染刑事司法现状的缩影,是实现环境正义的重要体现。查阅中国裁判文书网,2014～2018年我国环境污染刑事一审判决书共有7838份[①],现对此作出如下分析。

一、地域分布情况

2014年至2018年,我国环境污染刑事司法裁判文书的数量激增,刑事一审判决书2014年为919件,2015年为1351件,2016年为1588件,2017年为1923件,2018年为2057件。其中浙江1836份(2014年:476份;2015年:504份;2016年:413份;2017年:254份;2018年:189份),河北1297份(2014年:144份;2015年:292份;2016年:257份;2017年:274份;2018年:330份),广东984份(2014年:43份;2015年:73份;2016年:199份;2017年:308份;2018年:361份),山东901份(2014年:51份;2015年:130份;2016年:214份;2017年:283份;2018年:223份),江苏653份(2014年:32份;2015年:97份;2016年:113份;2017年:195份;2018年:216份),福建394份(2014年:50份;2015年:56份;2016年:108份;2017年:103份;2018年:77份),河南290份(2014年:20份;2015年:33

[①] 统计时间截至2020年3月1日,鉴于部分刑事裁判文书未在网上公开,或者网上公开的滞后性,刑事裁判文书的数量与实际数额之间存在一定差距。

份;2016年:40份;2017年:79份;2018年:118份),辽宁187份(2014年:3份;2015年:21份;2016年:34份;2017年:45份;2018年:84份),天津177份(2014年:35份;2015年:39份;2016年:29份;2017年:44份;2018年:30份),安徽157份(2014年:13份;2015年:19份;2016年:30份;2017年:43份;2018年:52份),上海132份(2014年:18份;2015年:15份;2016年:25份;2017年:48份;2018年:26份),湖南126份(2014年:3份;2015年:7份;2016年:14份;2017年:41份;2018年:61份),江西122份(2014年:2份;2015年:3份;2016年:18份;2017年:33份;2018年:66份),重庆115份(2015:7份;2016年:25份;2017年:37份;2018年46份),湖北89份(2014年:7份;2015年:9份;2016年:18份;2017年:22份;2018年33份),四川60份(2015年:6份;2016年:10份;2017年:24份;2018年:20份),山西72份(2014年:3份;2015年:14份;2016年:13份;2017年:11份;2018年31份),北京25份(2016年:1份;2017年:13份;2018年:11份),贵州27份(2014年:4份;2015年:5份;2016年:5份;2017年:10份;2018年:3份),广西28份(2014年:4份;2015年:3份;2016年:3份;2017年:9份;2018年9份),内蒙古34份(2014:1份;2016年:2份;2017年:12份;2018年:19份),陕西26份(2014年:1份;2015年:1份;2016年:6份;2017年:2份;2018年16份),宁夏19份(2014:1份;2015年:6份;2016年:4份;2017年:7份;2018年1份),黑龙江14份(2015年:1份;2017年:1份;2018年12份),云南20份(2014年:4份;2015年:2份;2016年:3份;2017年:8份;2018年:3份),甘肃16份(2014:1份;2015:3份;2017年:8份;2018年:4份),新疆12份(2016年:1份;2017年:5份;2018年:6份),吉林10份(2016年:2份;2017年:1份;2018年:7份),青海3份(2017年:1份;2018年:2份),海南2份(2015年:1份;2017年:1份),西藏(0)。

数据表明,我国各个省份污染环境罪一审刑事判决数量差异较大。其中判决数量居于前6位的依次为浙江省、河北省、广东省、山东省、江苏省、福建省,上述省份多位于我国长三角、珠三角、京津冀以及周边地区。2014年度我国6个城市群综合指数排名依次为长三角、珠三角、京津冀、山东半岛、中原经济区、成渝经济区;[①] 2018年城市群GDP排名前6位依次为长三角、京津

[①] 孔迪:"2014中国六大城市群排名:长三角珠三角京津冀居前三",载《瞭望东方周刊》2015年1月3日。

冀、长江中游、珠三角、山东半岛和成渝地区，而上述地区环境污染情况也尤为严重。各地环境污染刑事案件数量与地区经济发展增长速度、环境污染严重程度之间存在重要关联。此外，环境污染刑事司法裁判数量也与地方政府对环境污染的关注程度与治理水平息息相关。浙江、河北、广东等省份自2013年起大力加强环境污染刑事治理，也是其环境污染刑事案件数量大幅攀升的重要原因。

然而，2017年、2018年污染环境罪的裁判文书数量出现较大变化。浙江省、河北省污染环境罪的裁判文书呈下降趋势，这是否意味污染环境罪在这些区域已经进入了拐点还有待考察。司法裁判下降的主要原因在于：其一，上述区域环境污染治理取得较大成效。如2015年年底国家发展与改革委员会与原环境保护部联合发布《京津冀协同发展生态环境保护规划》，三区域协同共治、各负其责，共同推进生态环境的改善。"2018年，河北省PM2.5平均浓度下降到56微克/立方米，同比下降14%。全省31个地级以上集中式饮用水水源地均达到Ⅲ类标准，达标率为100%"。① 2018年《浙江省生态环境状况公报》显示，全省单位GDP能耗比上年下降3.7%；水质达到或优于地表水环境质量Ⅲ类标准的省控断面占84.6%；跨行政区域河流交接断面水质达标率90.3%；县级以上集中式饮用水水源地个数达标率为94.5%；全省近岸海域水体总体呈中度富营养化状态；县级以上城市日空气质量优良天数比例平均为90.8%，PM2.5浓度平均31微克/立方米；设区城市日空气质量优良天数比例平均为85.3%，PM2.5浓度平均33微克/立方米。其二，环境行政执法效能逐步提升。上述省份在"绿色青山就是金山银山"的重要思想引领下，提高环境执法水平和力度，推动经济转型升级和环境质量提升。如浙江省致力于打造全国环保最严省份，环境执法力度保持全国领先。② 河北省2018年出动执法人员64万人次，检查企业22.2万家次，行政处罚环境违法案件17 823件，罚没款金额12.53亿元，日均出动执法人数和执法检查企业数连续12个月排名全国第一，行政处罚案件数量与罚没款金额位列全国前三名。③ 其三，部分刑事案件在审

---

① 周迎久、张铭贤：" 河北污染防治攻坚战成效显著"，载《中国环境报》2019年1月15日，第1版。

② 详见2017年3月22日环境保护部办公厅《关于表扬浙江省环境监管执法工作的通报》，通报主要从突出压力传导，倒逼监管责任落实；突出先行先试，压实各方监管；突出机制建设，打造全程监管链条；强化高压监管，推动企业自觉守法；强化行刑衔接，放大案件警示作用；强化多元支撑、提升环境监管效能6方面指出浙江省环境监管执法工作的典型做法。

③ 周迎久、张铭贤：" 河北污染防治攻坚战成效显著"，载《中国环境报》2019年1月15日，第1版。

前阶段被过滤。我国不起诉类型主要有法定不起诉、酌定不起诉、存疑不起诉、特殊裁量不起诉。近年来，随着认罪认罚从宽制度在各地试行，酌定不起诉的比率有了较大提高。笔者通过"把手案例"裁判文书库查询，共检索2018年浙江省各级人民检察院污染环境罪法律文书364篇，其中起诉书248篇，不起诉决定书115篇，抗诉书1篇，不起诉比率达到46.37%。

二、诉讼主体情况

（一）被告人情况

污染环境罪可分为自然人犯罪与单位犯罪。在7838份污染环境罪一审刑事判决中，检索"被告单位"共获取法律文书618件。由此可见，犯罪主体为自然人的案件为7220件，占样本总数的92.11%，涉案的自然人多数为小企业、小作坊经营者或者从业者，文化水平普通偏低，法律意识淡薄，往往为了获取经济利益而不惜铤而走险。经营小企业、小作坊等小型经济体的业主成为我国环境污染刑事犯罪的主体。产生这种现象的原因，主要在于：第一，官方对中小企业、小微企业等中小经济主体环境监管有所加强。长三角、珠三角、京津冀地区民营经济较为发达，企业形式多以中小企业、小微企业为主①，各类低小散企业、小型加工厂等给环境造成严重污染、对邻近区域人民生活产生重要影响，却长期游离于政策与法规体系之外，各地虽曾开展打击偷排偷放活动，却未形成长效机制。依照修正后的《刑法》第338条，"违反国家规定，排放、倾倒或者处置有放射性的废物、含传染病病原体的废物、有毒物质或者其他有害物质，严重污染环境的"，成立污染环境罪。2013年《环境污染解释》第1条明确了"严重污染环境"的入罪标准，在司法判定上将行为犯与结果犯并列②，入罪门槛降低，法益保护提前，上述小污染源成为污染环境罪规制的重要对象，中小企业、微小企业作为环境监管盲区的情况有所改善，这也成为解释浙江省环境刑事司法裁判数量要明显高于其他各省的重要原因。第二，小企业、小作坊等小污染源环境污染违法成本低于守法成本。根据前述分析，现行环境法律体系框架下，我国污染环境行政违法和刑事犯罪成本普遍偏低，而且存在大量的犯罪黑数，相比而言，环境守法成本则明显较高。对工业生产中的危险废物、有毒物质、固定废物等进行处理，费用大致在每吨2800元至3200元，委托他人处置费用为每吨60元至120元，如若业主私自直接排放则接近零

---

① 王春："浙江高院出台司法意见保障'五水共治'"，载《法制日报》2014年7月4日。
② 焦艳鹏："污染环境罪因果关系的证明路径——以'2013年第15号司法解释'的适用为切入点"，载《法学》2014年第37卷第8期，第134页。

成本①。某些个体基于利益的追求，在违法与守法之间，往往选择铤而走险，违法偷排偷放，部分行业内部甚至形成隐形产业链，这无疑给对环境违法行为的查处与惩治增加了难度。我国环境污染刑事犯罪的主体多为小企业、小作坊等个体经营者或无业者，而就区域而言，多集中于农村与城乡接合部，这反映了我国城乡结构、产业结构并不平衡。

污染环境单位犯罪案件为618件，占样本总数的7.89%，数量明显偏低。其中2017年、2018年我国污染环境罪单位犯罪判决数量有所增长，分别为165件、180件。2014~2018年单位犯罪一审判决数量居于前3位的省份分别为浙江省（179件）、江苏省（128件）、山东省（46件）。我国单位犯罪实行双罚制，在对单位判处罚金的同时，对其直接负责的主管人员或者其他直接责任人员判处刑罚。刑事一审判决中被指控为单位犯罪责任人员的有单位的法定代表人、实际控制人、公司经理、生产管理负责人、环境安全管理人员、公司员工等。

（二）起诉权主体

按照提起诉讼的主体，我国刑事诉讼案件可分为公诉案件与自诉案件。刑事公诉案件由人民检察院向人民法院提起公诉，刑事自诉案件由自诉人向人民法院提起自诉。受目前我国刑事自诉案件受案范围所限，污染环境罪的起诉权主体全部为检察机关，无被害人作为自诉人提起自诉的情况。2014~2018年，因环境污染受到物质损失而提起刑事附带民事诉讼的一审判决为150份，其中2017年为21份，2018年为123份。在150份判决中，检察机关作为原告提起附带民事公益诉讼的判决为134份；当地人民政府或者环保机关作为原告提起附带民事诉讼的判决为10份；村民委员会作为原告提起附带民事诉讼的判决为3份；被害人（被害单位）及其近亲属提起附带民事诉讼的判决为4份。数据表明，2018年我国检察机关针对环境污染提起刑事附带民事公益诉讼的案件数量显著上升。

（三）被害人情况

7838份污染环境罪一审判决，在判决书正文中检索"被害人"共获取判决书105份。刑事一审判决书中涉及被害人情况的较少，而且多是在理由和事实部分，在当事人部分涉及被害人的文书仅有3份。被害人数量较少的原因，一方面是由于污染环境犯罪侵害法益具有多元性，多数案件是对社会秩序法益和环境法益的侵害，并没有直接的被害人；另一方面是由于我国刑事被害人进入

---

① 王春："浙江高院出台司法意见保障'五水共治'"，载《法制日报》2014年7月4日。

污染环境罪刑事司法救济渠道不够顺畅，被害人在刑事诉讼中多以证人身份出现，当事人的诉讼地位没有得到显现。

三、犯罪形态情况

（一）侵害对象统计

污染环境罪的直接侵害对象主要体现为水污染、大气污染和土壤污染等。7838份裁判文书中，全文检索"土壤"一词，提取裁判文书891份；检索"大气"一词，提取裁判文书195份；检索"水"一词，提取裁判文书1978份。废水污染案件在污染环境犯罪中占据重要比例，其中以直接外排未经处理的废水案件居多，非法排放、倾倒生产废水（含直接排放、利用渗坑排放、私设暗管等形式）的方式居多。犯罪主体多为未经工商登记和环保审批手续而进行非法经营的小作坊、小企业的经营者或从业者。

（二）危险犯抑或实害犯

2016年《环境污染解释》第1条以危险犯与实害犯并列的方式概括污染环境罪的犯罪情形，[①] 其中第1~7项为危险犯，第8~17项为实害犯，第18项为兜底条款。抽取2014年污染环境罪一审刑事判决848份，基本以上述司法解释第1条中的一项或者数项作为入罪理由，以1~5项作为入罪理由的案件为841件，占总数的99.2%，其中将违反第2项作为单一理由入罪的案件为107件，占总数的12.6%，将违反第3项作为单一理由入罪的案件为533件，占总数的62.9%，将违反第4项作为单一理由入罪的案件为83件，占总数的9.8%，同时以2013年《环境污染解释》第6~13项作为理由入罪的案件为26件，仅占总数的3.1%。

2018年度污染环境罪刑事一审判决中，因为违反第1条第2项非法排放、倾倒、处置危险废物3吨以上的；第3项排放、倾倒、处置含铅、汞、镉、铬、砷、铊、锑的污染物，超过国家或者地方污染物排放标准3倍以上的；第5项通过暗管、渗井、渗坑、裂隙、溶洞、灌注等逃避监管的方式排放、倾倒、处

[①] 2016年《环境污染解释》将2013年《环境污染解释》根据司法实践情况进行完善，将"严重污染环境"情形由14种增加到18种。如第3项、第4项细化重金属污染环境入罪标准，明确"排放、倾倒、处置含铅、汞、镉、铬、砷、铊、锑的污染物，超过国家或者地方污染物排放标准3倍以上"或者"排放、倾倒、处置含镍、铜、锌、银、钒、锰、钴的污染物，超过国家或者地方污染物排放标准10倍以上的"，应当认定为"严重污染环境"；第7项规定"重点排放单位篡改、伪造自动监测数据或者干扰自动监测设施，排放化学需氧量、氨氮、二氧化硫、氮氧化物等污染物的"，应当认定为"严重污染环境"；第10项将生态环境损害因素纳入考量范围，将"造成生态环境严重损害"规定为"严重污染环境"情形之一。

置有放射性的废物、含传染病病原体的废物、有毒物质而入罪的刑事案件，仍占据判决总数的 80% 以上。

四、罪过形态情况

虽然我国刑法理论对重大环境污染事故罪的罪过形态存有多种观点，但在刑事司法适用中观点却基本明确并且一致，将该罪认定为过失犯罪。《刑法修正案（八）》施行后，我国刑法理论界对污染环境罪的罪过形态问题争论不止，司法实践中，不同法院的判断也存在较大差距。抽取 2014 年 848 份污染环境罪一审判决，有 10 份明确认定该罪的罪过形态为故意，有 9 份明确认定该罪的罪过形态为过失，有 691 份对罪过形态问题未作涉及，还有 138 份样本表明行为人有某种程度的"明知"或者"应当知道"，如"明知其非法处置的化工废料对环境污染严重""明知他人无处置危险废物许可，仍委托其处置固体危险废物""明知他人实施污染环境行为仍为其提供场所和设备""应当知道须按规定进行处置"等。

五、共同犯罪情况

我国刑法理论针对污染环境罪能否成立共同犯罪以及共同犯罪罪责主体的成立范围观点各异，司法裁判之间也有较大差异。就共同犯罪的成立而言，以中国裁判文书网为搜索平台，我国污染环境共同犯罪一审的裁判文书 2014 年有 287 件，2015 年有 449 件，2016 年有 512 件，2017 年有 660 件，2018 年有 772 件。其中 2014 年 798 份自然人犯罪样本中，两人以上共同实施犯罪且在同一判决书中追究刑事责任的为 302 份，两人以上共同实施犯罪但判决书中仅追究单独被告人刑事责任而其他人作另案处理的为 93 份，认定前述情况为共同犯罪的为 312 份，未作共同犯罪认定的为 83 份。

就共同犯罪的处罚范围而言，污染环境罪的犯罪主体以小企业、小作坊经营者或者从业者居多，具体可表述为三类：一是污染企业、作坊的生产经营者；二是受雇于污染企业、作坊的员工，包括受雇管理者与技术指导者，有毒有害物质的直接排放、倾倒、处置者，污染企业中从事生产加工的工人，以及为有毒有害物质提供运输服务者等；三是生产经营场地、设备的出租者。其中 2014 年在 389 份明确有雇工的排污判决之中，有 180 份追究生产经营者而未追究劳动者的刑事责任，有 137 份既追究生产经营者，又追究全部劳动者的刑事责任，有 51 份明确追究经营者与受雇管理或技术指导者的刑事责任，有 22 份明确追究经营者与排污者的刑事责任，甚至有 12 份追究场地出租者的刑事责任，但未有裁判文书阐明共同犯罪成立以及罪责主体范围的具体理由。

六、刑罚适用情况

在 2014 年至 2018 年我国污染环境罪 7838 份一审刑事判决中，其中部分或者全部作出无罪认定的判决仅有 5 份。污染环境罪的法定刑罚为"处 3 年以下有期徒刑或者拘役，并处或者单处罚金"，在"后果特别严重"的情况下，"处 3 年以上 7 年以下有期徒刑，并处罚金"。被告人被判处"3 年以下有期徒刑"的判决占绝大部分。抽取 2014 年污染环境罪一审判决 848 份，仅有 2 起案件被告人因"后果特别严重"而导致法定刑升格。

由于污染环境罪必须判处罚金刑，我国 2014～2018 年刑事一审判决所有判处被告人主刑的案件，普遍同时判处了被告人罚金刑。2014 年刑事司法裁判中，有 31 位被告人被判处单处罚金。但由于我国《刑法》第 338 条污染环境罪仅规定"并处或单处罚金"，而没有规定罚金刑适用的具体数额和标准，法官在罚金刑适用幅度上有较大的自由裁量权，各地裁判文书判处罚金刑的数额差距巨大，对自然人判处罚金数额较少，对污染环境单位判处罚金数额较大。判决书中普遍缺乏对判定罚金刑具体数额理由的说明。

2014 年环境污染刑事司法裁判，涉案的 1509 位被告人中，适用缓刑人数为 441 人，约占被告人总数的 29.2%，缓刑适用比率与同期交通肇事罪、故意伤害罪相比，相对较低。有学者对 2012～2018 年 8000 位被判处刑罚的被告人进行统计，其中被判处缓刑人数为 3089 人，占比判刑总人数的 38.61%。[1]，缓刑的适用有不断上升的趋向，大致保持在 40%。

自 2014 年后，我国部分刑事判决中增加了缓刑禁止令的规定，如"禁止被告人杨某在缓刑考验期内从事与排污工作有关的活动"[2]"禁止被告人龙某某、税某、杨某某在缓刑考验期内从事与排污工作有关的活动"[3]"禁止被告人戚某某、沈某在缓刑考验期内从事与排污工作有关的活动"[4]"被告人陈某某、吴某某在缓刑考验期内禁止从事与危废处置工作有关的活动"[5]"禁止被告人裴某 1、李某某、刘某 1、裴某 2、刘某 2、王某某在缓刑考验期内从事与酸洗排污相关的活动"[6] 等。刑事裁判中，有 6 份判决书依据《刑法修正案（九）》作出

---

[1] 焦艳鹏："我国污染环境犯罪刑法惩治全景透视"，载《环境保护》2019 年第 47 卷第 6 期，第 48 页。
[2] （2018）苏 0412 刑初 1405 号。
[3] （2017）苏 0412 刑初 1536 号。
[4] （2018）苏 0412 刑初 410 号。
[5] （2018）苏 0706 刑初 131 号。
[6] （2018）苏 8601 刑初 160 号。

从业禁止判决。如福建省晋江市人民法院一审刑事判决,"考虑到被告人陈某某因实施违背职业要求的特定义务的犯罪被判处刑罚,且在居民区及其附近持续排污超过6个月以上,根据其犯罪情况和预防再犯罪以及保障社会公众的生态安全和维护社会公众的环境权益之需要,对其予以从业禁止",禁止被告人在"刑罚执行完毕或者假释之日起从事五金电镀加工业务,期限3年"。① "考虑到被告人吴某1、吴某2因实施违背职业要求的特定义务的犯罪被判处刑罚,排放的重金属超标倍数高,且持续排污超过1年以上,根据其犯罪情况、预防再犯罪以及保障社会公众的环境安全、维护社会公众环境权益的需要,对被告人吴某1、吴某2予以从业禁止",禁止被告人在"刑罚执行完毕或者假释之日起3年内从事拉链喷漆加工业务"②。

---

① (2018) 闽 0582 刑初 1523 号。
② (2018) 闽 0582 刑初 1081 号。

第二章
环境污染刑事惩治之相关背景

人类社会发展迄今为止共经历3次科技革命,科技革命在为社会发展带来巨大物质进步的同时,无疑也产生了不容小觑的负面影响。"二战"以后,以美、德、日为代表的西方国家推动现代科技革命,人们享受着新科技革命的成果,但也强烈意识到人类赖以生存的资源与环境受到了亘古未有的破坏。环境生态危机正在加剧,出现美国洛杉矶光化学烟雾事件,英国伦敦烟雾事件,日本的熊本县水俣病、新潟县水俣病、四日市哮喘病、富山县痛病四大公害事件等震惊世界的环境污染事故。西方国家正是在此背景下,开始探索环境污染刑事治理路径。进入21世纪以后,我国在日益严峻的环境污染危机的压力下,开始逐步关注污染环境罪的刑事惩治问题。党的十八大报告强调,必须树立尊重自然、顺应自然、保护自然的生态文明理念,把生态文明建设放在突出地位,融入经济建设、政治建设、文化建设、社会建设各方面和全过程,努力建设美丽中国,实现中华民族永续发展。

马克思主义生态观阐释了人与自然、人与人以及人与社会的辩证关系,蕴含了可持续发展的思想,可持续发展是对马克思主义生态观的继承与发展,而我国绿色发展观又是对可持续发展观的继承与发展。在此背景下,马克思主义生态观与可持续发展理念为我国以环境刑法为重要内容的环境法律体系提供了理论支撑。

第一节 马克思主义生态观的基本内容

一、马克思主义创始人的生态思想

马克思主义的创始人受制于理论诞生的历史环境,并未系统阐述过生态观,

"但他们在阐述自然观、实践观,以及对资本主义生产方式与社会进行批判中,包含有丰富的生态思想"①。其一,马克思主义自然观。其生态思想主要表现为对人在自然界中的定位、人与自然关系的论证,如"人的普遍性表现在,它把整个自然界作为直接的生活资料"②"人本身是自然的产物,人类和人类社会都是自然界长期发展的产物"③"人作为自然存在物……一方面具有自然力、生命力、是能动的自然存在物……另一方面,人作为自然的、肉体的、对象的存在物,是受动的受制约的存在物"④。因此,人是自然界的一部分,自然界是人类社会赖以生存的基础,而当人类开始征服与改造自然后,人与自然的关系则表现为能动与受动的统一。其二,马克思主义实践观。马克思恩格斯以生产实践为视角阐述人与自然的关系,认为人与自然之间正是通过实践的中介达到具体的、历史的统一,人化自然与人的自然化的统一。马克思主义创始人在肯定人类认识与改造自然能力的同时,已经开始认识到人类在对待人与自然关系上的目光短浅与历史局限,并指出人类应尊重自然规律,有意识地从事自身生产实践活动。如恩格斯所言,"我们不要过分陶醉于我们对自然界的胜利,对于每次这样的胜利,自然界都对我们进行了报复"⑤。其三,马克思主义社会形态观中的生态思想。马克思恩格斯科学论证了生产力与生产方式的关系,在肯定资本主义以追逐剩余价值为目的的资本积累,促进生产力发展的同时,也尖锐地指出资本主义生产方式给人类社会带来的生态灾难。资本主义资本生产的无限扩张,资本家对利益的过度追求,给自然资源、生态环境造成了沉重的打击,也使可持续发展难以为继。为实现人类的可持续发展,必须转变社会生产方式,实现由资本主义向科学社会主义转变。

二、马克思主义生态观的当代发展

生态马克思主义产生于20世纪60年代。伴随着生态环境的严重恶化,以马尔库塞为代表的法兰克福学派开始试图用马克思主义的基本理论解释并指导生态环境和人类自身发展问题。生态马克思主义主要经历了生态马克思主义、生态社会主义、马克思主义生态学3个发展时期。⑥首先,生态马克思主义更

---

① 李崇富:"马克思主义生态观及其现实意义",载《湖南社会科学》2011年第24卷第1期,第15页。
② 《马克思恩格斯全集(42卷)》,人民出版社1979年版,第95页。
③ 《马克思恩格斯全集(20卷)》,人民出版社1971年版,第38页。
④ 《马克思恩格斯文集(1卷)》,人民出版社2009年版,第191页。
⑤ 《马克思恩格斯文集(9卷)》,人民出版社2009年版,第560页。
⑥ 郭昭君:《马克思主义生态观与生态文明建设》,兰州大学2009年硕士学位论文,第24页。

为理性地认识科学技术与生态危机间的关系。20世纪中叶，资本主义社会环境污染已经严重危及公众的生命与健康，30年代到70年代，曾经陆续发生"八大公害事件"，绿色生态运动及其理论将生态危机归咎于科学技术并加以激烈批判，马尔库塞、莱斯等生态马克思主义学者肯定科学技术对人类社会发展的积极影响，认为"资本主义的技术使用"才是问题的根源，从而将批判视角由技术批判转为对资本主义制度的批判。其次，生态社会主义是绿色生态运动与生态马克思主义理论的结合。① 生态社会主义可分为以奥康纳为代表的改良生态社会主义与以克沃尔为代表的革命生态社会主义。奥康纳的理论以苏联巨变与东欧解体为时代背景，深刻剖析生态危机在资本主义国家的产生及其原因，坚持生态马克思主义关于资本主义生态危机的学说，进一步继承和发展了生态马克思主义。克沃尔的理论产生于对生态改良主义的批判，认为"改良资本主义并没有改变资本主义的生态环境灾难，反而使生态环境灾难随着资本主义的全球化传播到世界上的每一个角落"②，从而他将问题的解决期冀于社会主义的实现；最后，马克思主义生态学着重于马克思生态思想的证成。福斯特深刻认识到马克思关于人与自然、人与社会关系的阐述，坚实了马克思主义生态观的理论根基。

三、生态文明思想的重要引领

2015年10月，党的十八届五中全会提出"绿色发展"理念，并将其作为国家五大发展理念之一。"绿色发展以'可持续发展观'为思想基础，是当代语境下的可持续发展观"。③ 2016年，习近平总书记在推动长江经济带发展座谈会上提出"走生态优先，绿色发展之路，使绿水青山产生巨大生态效益、经济效益、社会效益"。2018年5月，习近平总书记在全国生态环境保护大会上的讲话深刻地概括了新时代推进生态文明建设必须坚持的"六项原则"，坚持人与自然和谐共生，绿水青山就是金山银山，良好生态环境是最普惠的民生福祉，山水林天湖草是生命共同体，用最严格制度最严密法治保护生态环境，共谋全球生态文明建设。生态文明思想是对马克思主义生态观的重要继承和发展，对我国环境立法发挥重要的引领作用。

综上，生态文明思想强调人口、资源、环境、经济、社会间的和谐统一，

---

① 郭昭君：《马克思主义生态观与生态文明建设》，兰州大学2009年硕士学位论文，第26页。
② 刘仁胜：《生态马克思主义概论》，中央编译出版社2007年版，第83页。
③ 竺效、丁霖："绿色发展理念与环境立法创新"，载《法制与社会发展》2016年第22卷第2期，第179页。

是对马克思主义生态观的继承与发展。马克思主义生态观以人与自然的和谐共生作为研究归宿,其主旨与20世纪80年代开始倡导的可持续发展思想相契合。

第二节　当今中国社会可持续发展面临的挑战

1980年联合国大会首次明确提出"可持续发展",1987年世界环境与发展委员会在《我们共同的未来》中将可持续发展定义为:既满足当代人的需要,又不对后代人满足他们需要的能力和机会构成威胁和危害的发展。[①] 可持续发展包含公平性、可持续性、整体协调性与共同性四大基本原则。[②] 1992年巴西里约热内卢联合国环境与发展大会通过了《21世纪议程》,此后制定的《中国21世纪议程》将经济、社会、资源与环境视为密不可分的复合系统。由此分析,可持续发展意味着人与自然、人与人、人与社会三者的和谐统一。

中国经济经过30多年持续高速发展,已取得举世瞩目的成就,2010年中国已赶超日本成为世界第二大经济体。然而,我国在可持续发展中面临的形势依然严峻。《中国科学院2004年可持续发展报告》将我国在可持续发展中面临的挑战归结为:人口压力、能源与自然资源的超常规利用、加速整体生态环境"倒U型曲线"右侧逆转;实施城市化战略的巨大压力;加速区域间的平衡发展的压力;国家信息化进程的加速和科技竞争能力的培养的压力。其中,资源与环境危机,是我国目前经济社会可持续发展面临的最大挑战。主要体现如下。

一、经济发展与环境保护间的矛盾

随着科学技术的发展,人类征服与改造自然的能力不断增强,环境危机已然成为全球共同面临的挑战。1972年罗马俱乐部在《增长的极限》中指出:科学技术泛滥,打破了人与自然间的动态平衡,造成技术异化,给人的生存和发展带来了危机。[③] 我国经济领域,长期以来多数行业沿用的是高消耗、低产出、高排放的线性发展模式,在此背景下,工业化进程加快,GDP高速增长的背后,往往伴随着资源的大量消耗,自然环境与居住环境的日益恶化。目前,我

[①] 刘培哲:"可持续发展理论与《中国21世纪议程》",载《地学前缘》1996年第3卷第2期,第3页。

[②] 朱同丹:"马克思主义生态观思想是可持续发展的理论根基",载《无锡日报》2013年11月26日。

[③] 王守泉:《科技革命与中国现代化》,中国社会科学院2002年博士学位论文,第18页。

国环境污染问题越发突出。大气污染、水体污染、土壤污染、固体废弃物污染加剧，雾霾成为百姓生活中热议的话题。《2013 中国环境状况公报》显示，2013 年我国环境状况总体一般，如 4478 个地下水环境质量监测点中，水质较差或极差的达到 59.6%，水质优良的比例达到 10.4%，按照新标准监测的 74 个城市中，仅 3 个城市空气质量达标，占 4.1%，不达标的城市占 95.6%。瑞士洛桑学院 2004 年《全球竞争力年鉴》显示，在"环境是否严重影响经济发展的基础"调查指标中，中国排名由 2003 年的 23 位下降至 2004 年的 59 位。生态环境问题已成为影响中国可持续发展的重要障碍因素。随着我国经济的持续发展，人口的继续膨胀，如果经济增长模式不发生根本性转变，人与自然间的矛盾会越发突出，中国经济的发展规模与速度将面临环境容量的严重制约。

二、我国面临自然资源危机

我国自然资源总量虽较为丰富，但人均占有量很少，早期资源开发利用又不甚合理、破坏严重，导致资源匮乏，这极易引起生态系统失衡，从而对人类的生存与发展造成威胁。我国的自然资源危机主要体现为：第一，土地资源的浪费与破坏严重。我国现有耕地数量锐减，质量严重下降，2017 年我国人均耕地面积仅有 1.46 亩/人，比世界人均耕地面积 2.89 亩/人少了 1.43 亩，人均耕地面积远低于世界平均水平。"我国现有荒漠化土地面积 267.4 万多平方公里，占国土总面积的 27.9%，而且每年仍在增加 1 万多平方公里，我国 18 个省的 471 个县，近 4 亿人口的耕地和家园正受到不同程度的荒漠化威胁"。[①] 第二，水资源缺乏。有学者在 2007 年统计，在具有监测资料的 1200 多条河流中，有 850 条受到污染，230 条受到严重污染，有 60% 的水质达不到饮用水标准，有 11% 的水质不符合农业灌溉要求，有 6% 的毒物含量超过污水排放标准。[②] 超过环境容量的废水排放、非法排污等造成严重的水污染，过度开采地下水又与水资源缺乏形成恶性循环，我国目前有 400 多个城市供水不足，其中 100 多个城市严重缺水，水的人均占有量极其不足。第三，矿产资源危机。由于社会发展的需求，我国矿产资源开采量日益增大，再加上盲目开发、不合理利用等因素迅速耗尽了我国的矿产资源，2010 年，我国石油的对外依存度达到 57%，铁矿

---

① 潘岳："直面中国资源环境危机——呼唤以新的生态工业文明取代旧工业文明"，载《今日国土》2004 年第 3 卷第 3 期，第 15 页。

② 雷川华、吴运卿："我国水资源现状、问题与对策研究"，载《节水灌溉》2007 年第 32 卷第 4 期，第 42 页。

一、环境伦理观之理论纷争

作为环境哲学的组成部分,环境伦理观关注人与自然的关系以及在人与自然关系影响下人与人之间的关系。环境伦理观主要形成人类中心主义、非人类中心主义、生态中心主义等学说。

人类中心主义伦理观将人类视为生态系统的中心,其他物种处于外围,人类利益高于一切,其他物种的利益不能与人类利益相冲突。[①] 人类中心主义的基本内核是人的自我中心化,它强调人与自然之间的分离与对立,极力倡导人类征服自然、主宰自然,无视自然界其他生命的存在价值。人类中心主义在给人类社会带来物质利益的同时,也带来了危机与灾难,使人类在可持续发展道路上举步维艰。在人类中心主义伦理观引导下,全球化的环境危机日益加剧。环境世界自然保护基金会2002年发表的《活着的地球》中指出,由于人类的过度消耗,过去的30年间,地球上的生物种类减少35%,其中淡水生物种类减少54%,海洋生物种类减少35%,森林物种减少15%。[②] 我国传统的经济发展方式没有辩证地看待人与自然的关系,割裂了未来与当下,单纯追求经济增长,虽然推动了生产力的发展,但以污染物高排放与自然资源的高消耗为特征,也付出了沉重的环境资源代价。目前我国社会也同样面临环境恶化、资源枯竭、生态危机等严峻挑战。

在对人类中心主义批判过程中,以动物权利论等为代表的非人类中心主义伦理观随之产生。1975年,澳大利亚学者辛格出版《动物解放》一书,拉开了动物权利保护的序幕。动物权利论主张,"是否是生命的主体是判断有无固有价值的基准,因此应给予所有这样算得上一种生命主体的动物以同等的道德地位"。[③] 非人类中心主义伦理观将人类利益与非人类利益加以对立,忽视了人类是自然界的一部分,人类与自然之间存在共生关系。

生态中心主义伦理观在对人类中心伦理观、非人类中心主义伦理观的批判中应运而生。生态中心主义秉承生态整体主义,将人类置于生态系统之中,而非之上或者之外。随着人类社会的进步与发展,多数国家和人民不再面临生存抑或死亡的抉择问题,在人类现存经济利益与整个生态系统利益(包含

[①] 帅清华:"环境伦理的嬗变与环境刑法的法益",载《西南政法大学学报》2015年第17卷第2期,第91页。

[②] 刘溪:《马克思主义生态观与当前生态环境问题研究》,安徽大学2011年硕士学位论文,第23页。

[③] 高利红:"环境资源法的价值理念和立法目的",载《中国地质大学学报》(社会科学版)2005年第5卷第3期,第71页。

未来人类生存利益）的冲突中，应选择以生态系统整体利益优先。马克思主义生态观正视了人与自然之间的辩证关系，认为人类社会与自然要和谐发展、人类要爱护与保护自然、人类要遵循客观规律，为人类的可持续发展提供了重要理论基础。马克思主义理论充分认识到可持续发展的实质是生产力的可持续发展，自然界是人类存在和发展的前提，人类利用自然要选择善待自然的方式进行，这就要求我们坚持可持续发展观。可持续发展意味着对人类中心主义的扬弃，即人可以充分利用与开发自然，但自然界的存在与发展同样应受到尊重。

二、当代中国社会之理性选择

当今中国仍以发展作为第一要务，正如习近平总书记强调"发展仍是解决我国所有问题的关键"。正确处理经济发展与环境保护间的关系是极其复杂的课题，我国传统GDP至上的发展方式忽视了对自然资源的损耗和对生态环境的破坏，生态环境问题已成为影响中国可持续发展的重要阻滞因素。我们应充分认识到，环境资源危机不是中国现代化进程的必然产物，可持续发展是解决中国问题的理性选择。可持续发展重在思考"可持续"与"发展"间的关系，其核心思想是要在确保人与自然、人与人关系优化的基础上，实现一国经济利益、社会利益与生态环境间的协调统一。中国永远无法再走传统发展模式"先污染、后治理""先破坏、后保护"的老路，党的十八大已将生态文明建设纳入中国特色社会主义事业总体布局。我国的经济增长应首先考虑到环境容量和社会承载力，通过技术创新，优化产业结构，发展循环经济，转变经济增长方式，实现人与自然地和谐统一发展。十八届四中全会《中共中央关于全面推进依法治国若干问题的决定》提出，"用最严格的法律制度保护生态环境，加快建立有效约束开发行为和促进绿色发展、循环发展、低碳发展的生态文明法律制度，强化生产者环境保护的法律责任，大幅度提高违法成本"。学者们开始将生态中心主义伦理观作为环境刑法的理论根基。生态中心主义伦理观是我国环境刑法的应然选择。污染环境罪以保护环境利益、人类利益等生态利益为价值目标，追求人与自然的和谐发展，其刑事惩治从法益选择、法律建构到司法适用都是对其追求理念的最好诠释。

《刑法修正案（八）》污染环境罪的修改使环境刑法保护的法益正由主要维护国家环境资源管理秩序转化为保护环境法益，人身权、财产权、环境权等人类法益以及环境资源管理秩序法益等多元化利益。其中，环境权是一种多维性权利，体现在宪法与其他法律之中。如1996年《芬兰自然保护法》第1条有明确的体现。① 我国 2015 年《环境保护法》第 1 条规定环境法的立法目的为，"保护和改善环境""保障公众健康""推进生态文明建设""促进经济社会可持续发展"。环境权应包含在刑法保护的公民权利体系之中。环境权的主体为公民，不仅包含当下的人类，也包含未来社会的人类。

---

① 《芬兰自然保护法》（1996 年）第 1 节规定，本法的目标是维护生物多样性；保存自然美景和科学价值；促进对自然资源和自然环境的可持续利用；促进自然意识和对自然的普遍兴趣；促进科学研究。

第三章

污染环境罪之刑事政策构建

伴随日益严重的环境污染和生态破坏,社会公众环境保护意识不断增强,环境污染犯罪的社会危害性和通过刑事治理方式惩治环境污染犯罪已然在国家和民众之间达成共识。污染环境罪刑事政策是一国在特定时期面对环境污染态势在经济发展和环境保护之间作出的选择。环境污染刑事政策对于环境污染刑事治理具有重大意义,对污染环境罪刑事立法和刑事司法发挥重要的指引作用。

第一节 环境污染刑事政策之含义

一、何谓刑事政策

明确环境污染刑事政策的含义是构建环境污染刑事政策的基础,而环境污染刑事政策的界定首先要从刑事政策的含义谈起。刑法学者对刑事政策的含义作出不同表述。李斯特认为,刑事政策是国家和社会据以与犯罪做斗争的原则的总和。大谷实教授认为,"刑事政策,是指国家和地方公共团体通过预防犯罪,维持社会秩序的稳定、安宁所采取的一切措施"[①]。何秉松教授认为,刑事政策是指国家基于预防犯罪、控制犯罪以保障自由、维持秩序、实现正义的目的而制定、实施的准则、策略、方针、计划以及具体措施的总称。[②] 储槐植教授认为,刑事政策是"国家和社会依据犯罪态势对犯罪行为和犯罪人运用刑罚

---

① [日] 大谷实:《刑事政策学》,黎宏译,法律出版社2000年版,第4页。
② 何秉松:《刑事政策学》,群众出版社2002年版,第39页。

和诸多处遇手段以期有效地实现惩罚和预防犯罪目的的方略"。① 杨春冼教授认为,"刑事政策是国家或执政党依据犯罪态势对犯罪行为和犯罪人运用刑罚和有关措施以期有效地实现惩罚和预防犯罪的方略"②。

理论界对刑事政策的含义有广义、狭义和最狭义3种解读。③ 从广义理解,刑事政策包括刑事立法政策、刑事司法政策、刑事执行政策和刑事社会政策,社会政策与犯罪治理之间具有内在联系,但刑事政策将各种社会政策作为研究对象范围过于宽泛,也很难实际操作。从最狭义理解,刑事政策的目的会被定位为特殊预防,从而将刑事政策的手段限定在刑罚领域,难以实现对犯罪的预防与控制。从狭义理解,刑事政策可分为刑事立法政策、刑事司法政策和刑事执行政策,我国学者多从狭义角度理解刑事政策,本书支持这一观点,认为刑事政策可分为刑事立法政策、刑事司法政策和刑事执行政策。刑事立法政策是刑事政策在刑事立法中的体现;刑事司法政策是刑事政策在刑事司法中的反映;刑事执行政策是刑事政策在刑事执行领域中的落实。要厘清刑事政策的含义,需要明确以下问题:刑事政策的主体、刑事政策的目的、刑事政策的对象和刑事政策的实现方式。

(一) 刑事政策的主体

针对刑事政策的主体,刑法学界形成不同观点。如梁根林教授认为,"从概念和逻辑上讲,刑事政策的主体包括决策主体和执行主体,前者即制定刑事政策的主体,后者指实施刑事政策的主体"。④ 储槐植教授认为,"刑事政策的主体有决策主体和执行主体。前者是指国家;后者是指国家和社会"⑤。而柳忠卫教授认为,"刑事政策的主体应当是制定主体,刑事政策的执行者不应当是刑事政策的主体"⑥。刑事政策的制定是社会公共权威(国家或者政党)对自己掌握的社会资源加以分配的过程,表明国家或者政党面对犯罪防控问题时的意志表达和目的选择。刑事政策的执行主体通过刑事政策手段也能够实现刑事政策的目的,但却无法对刑事政策的制定发挥直接影响。刑事政策是刑事政策制

---

① 储槐植:"刑事政策的概念、结构和功能",载《法学研究》1993年第28卷第3期,第53页。
② 杨春洗:《刑事政策论》,北京大学出版社1994年版,第7页。
③ 广义的刑事政策是指国家以预防、镇压犯罪为目的所采取的一切措施和方针;狭义的刑事政策是指对犯罪者或对有犯罪的危险者,以预防、镇压犯罪为直接目的的国家强制对策;最狭义的刑事政策是指对各个犯罪者、犯罪的危险者,以特别预防的目的而实行的措置(刑罚、保安处分等)。马克昌:《中国刑事政策学》,武汉大学出版社1992年版,第2~3页。
④ 梁根林:《刑事政策:立场与范畴》,法律出版社2005年版,第14页。
⑤ 储槐植:"刑事政策的概念、结构和功能",载《法学研究》1993年第28卷第3期,第52页。
⑥ 柳忠卫:《刑事政策与刑法关系论》,法律出版社2015年版,第31页。

定主体作出的决定。刑事政策的执行目的由刑事政策的制定目的决定。① 因而，本书认为，刑事政策的主体应当是刑事政策的制定主体，不包含刑事政策的执行主体。

（二）刑事政策的目的

刑事政策的目的是公共权威机构（国家或者政党）制定和实施刑事政策所要实现的目标。关于刑事政策的目的，学者们的观点有所差异。如马克昌先生认为，刑事政策的目的是预防犯罪、减少犯罪，以至消灭犯罪，维护社会秩序的稳定。② 曲新久教授认为，刑事政策的目的是预防、控制犯罪以保障自由、保护秩序、实现正义。预防犯罪、控制犯罪是刑事政策的直接目的，保障自由、保护秩序、实现正义是刑事政策的根本目的。③ 由此可见，刑事政策的目的包含直接目的——预防犯罪、控制犯罪；根本目的——保障自由、保护秩序与实现正义。柳忠卫教授认为，刑事政策的目的是"惩治犯罪、预防犯罪和控制犯罪"，根本目的并非刑事政策的目的。④ 李冠煜博士认为，刑事政策的目的除预防和控制犯罪之外，还包含保障犯罪人的人道对待和救济被害人的权利。⑤

刑事政策的目的是刑事政策主体通过采取刑事政策所要实现的目标。区别于刑事政策的价值，刑事政策的目的应针对刑事犯罪而设定。保障自由、保护秩序、实现正义等固然是刑事政策的价值所在，但并非刑事政策的目的。犯罪人的人道对待和被害人的权利救济等的确为人们积极追求的目标，但其应为刑法或者刑事诉讼法之目的，而非刑事政策的目的。本书支持刑事政策的目的在于惩治、预防与控制犯罪的观点。因而，环境污染刑事政策的目的在于惩治、预防与控制环境污染犯罪。

（三）刑事政策的对象

所谓刑事政策的对象，是指刑事政策制定主体依据刑事政策目的制定刑事政策，执行主体执行刑事政策所指向的对象。刑事政策的对象是犯罪问题。但针对犯罪涵盖的范围，学者们的观点在表述上存在差异。犯罪一词可从犯罪学和刑法学两个维度上加以理解。从犯罪学意义上看，法国学者戴尔玛斯－马蒂

---

① 柳忠卫：《刑事政策与刑法关系论》，法律出版社 2015 年版，第 33 页。
② 马克昌：《中国刑事政策学》，武汉大学出版社 1992 年版，第 6 页。
③ 曲新久：《刑事政策的权力分析》，中国政法大学出版社 2003 年版，第 70 页。
④ 柳忠卫：《刑事政策与刑法关系论》，法律出版社 2015 年版，第 14 页。
⑤ 李冠煜："环境犯罪刑事政策论纲"，见赵秉志主编：《刑法论丛（第 36 卷）》，法律出版社 2013 年版，第 573 页。

教授认为，犯罪包括不符合规范的犯罪行为与越轨行为。① 刑法学上的犯罪又有形式的犯罪概念与实质的犯罪概念之分，形式的犯罪概念是指违反刑法规范，应受刑法惩罚的行为；实质的犯罪概念是指违反社会伦理规范并对法益造成了危害的行为②。曲新久教授认为，"刑事政策自然以犯罪（刑法规范意义上的概念）为观察的主要对象，但是又不限于刑法上的犯罪，客观上危害社会的行为以及具有犯罪危险的人——无论从实质上判断是否应该规定为犯罪而纳入规范刑法的范围以及是否应当宣告他为犯罪人，均纳入刑事政策的观察范围"。③

如果从广义上理解刑事政策，认为刑事政策的目的在于惩罚、预防与控制犯罪，刑事政策针对的对象就不仅包括刑法意义上的犯罪行为，也包括越轨行为。就污染环境罪而言，污染环境罪刑事政策的目的在于污染环境罪的惩治、预防和控制，刑事政策的对象除污染环境犯罪行为之外，也包含污染环境的违法行为。通过环境污染刑事政策，对于工业、农业、交通等领域排放、倾倒、处置有毒有害物质行为进行事前指引，有助于防患于未然，实现对污染环境犯罪的预防。

（四）刑事政策的手段

刑事政策的手段是国家或者政党为预防、惩罚和控制犯罪所采取的方式与方法。刑事政策的手段受到刑事政策概念以及刑事政策目的的制约，采取何种刑事政策概念以及如何理解刑事政策的目的直接决定了刑事政策可以采取哪些手段；反之刑事政策的手段又影响刑事政策目的的实现。本书采取广义的刑事政策概念，认为刑事政策除了指对犯罪进行制裁性反应的各种原则之外，还包括犯罪预防的方针和策略等。因而，支持将刑事政策的手段理解为既包含刑罚手段，也包含非刑罚手段的观点。④ 刑事政策的手段具有多样性，刑罚是刑事政策实现的核心但并非唯一手段，一些行政手段、经济手段、民事手段都能够成为刑事政策的实现方式。非刑罚处罚方法体现出对刑事犯罪的治理而非惩罚理念，我国刑法中规定的非刑罚处罚方法主要有训诫、责令具结悔过、赔礼道歉、赔偿损失、行政处罚和行政处分等。而在污染环境罪的刑事惩治中，生态环境修复是一种重要的非刑罚手段。

综上所述，所谓刑事政策是指公共权威机构（国家或者政党）基于预防犯

---

① ［法］米海依尔·戴尔玛斯-马蒂：《刑事政策的主要体系》，卢建平译，法律出版社2000年版，第25~26页。
② ［日］大谷实：《刑事政策学》，黎宏译，法律出版社2000年版，第25页。
③ 曲新久：《刑事政策的权力分析》，中国政法大学出版社2002年版，第74页。
④ 柳忠卫：《刑事政策与刑法关系论》，法律出版社2015年版，第19页。

罪、控制犯罪和惩罚犯罪的目的而制定和实施的准则、策略、方法、计划及具体措施的总称。根据刑事政策指导范围的不同，刑事政策又可区分为总体刑事政策、基本刑事政策和具体刑事政策3个层次。总体刑事政策是指国家制定的在一定时期内统领全局性的刑事政策。基本刑事政策是总体刑事政策在刑法领域的集中体现，适用于刑法领域里的所有或者主要的犯罪问题，我国当前基本刑事政策是"宽严相济"的刑事政策。具体刑事政策是在某一特定时期或者特定领域内发生作用的刑事政策，环境污染刑事政策是具体的刑事政策，具体刑事政策要与总体刑事政策和基本刑事政策相契合、相一致。

二、环境污染刑事政策的含义

环境政策是环境刑事政策的制定依据，而环境刑事政策又要以我国基本的刑事政策为指引。因而，我国环境政策和基本的刑事政策共同决定了环境犯罪的刑事政策。换言之，环境犯罪刑事政策是刑事政策主体针对环境犯罪而采取的具体政策，环境犯罪刑事政策的制定和实施要受到我国当前环境政策和基本刑事政策的制约。环境犯罪的刑事政策是国家和社会依据环境犯罪的态势，为达到预防、控制和惩治环境犯罪的目的，而制定、调整和执行的包括刑罚手段和非刑罚手段在内的一切方法和措施的总称。[1] 污染环境罪是环境犯罪当中的重要类型，环境污染刑事政策是环境犯罪刑事政策的重要组成部分，是环境污染领域具体的刑事政策。环境污染刑事政策可理解为：国家或者政党为惩治、预防和控制环境污染犯罪，根据我国环境污染态势和环境保护需求而制定和实施的准则、策略、方针、计划以及具体措施的总称。

环境污染刑事政策要受到环境伦理观的制约。如前所述，环境伦理观有人类中心主义伦理观、非人类中心主义伦理观（动物权利论等）、生态中心主义伦理观等。不同的环境伦理观之下，会产生不同的环境污染刑事政策。人类中心主义伦理观之下，经济发展优先于环境保护，环境污染刑事政策宽松乏力，环境污染刑事司法裁判的数量较为低下。纯粹的人类中心主义伦理观和非人类中心主义伦理观都过于极端，将人类发展与环境保护完全加以对立，均不足取。生态人类中心主义仍将人类的利益置于人与自然关系的核心地位，从本质上仍是人类中心主义伦理观。生态中心主义伦理观强调人与生态之间的和谐共进发展，在面对利益冲突与选择时，在不影响人类基本生存权利的情况下，以生态保护优先。环境污染刑事政策要以生态中心主义伦理观作为理论基础。

---

[1] 冯军、敦宁：《环境犯罪刑事治理》，法律出版社2018年版，第2页。

第二节　环境污染刑事政策之价值分析

一、刑事政策价值之基本分析

把握价值的含义，是探讨刑事政策价值的前提。学界关于价值的含义存在多种解读。代表性观点认为，价值是以人为主体用以表示事物具有满足主体需要的属性、作用和意义的概念，本性是指客体对主体的有用性。① 客体的固有属性是客体本身所具有的，但客体只有和主体相联系，用以满足主体的需要，客体的价值才能得以凸显。刑事政策有别于刑事法律，其具有综合性、灵活性、开放性等特征，这些特征成为刑事政策的固有属性。刑事政策的价值是刑事政策能够满足主体需要，对主体而言的有用性，是贯通刑事政策的主体和客体之间的桥梁。刑事政策价值目标包含自由、秩序、正义、效益以及它们之间的互动关系。② 主要体现如下。

第一，刑事政策的秩序价值。秩序是指"事物存在与发展的某种程度的稳定性、连续性和一致性"。③ 社会进程中的稳定性、连续性和一致性就是社会秩序。秩序是人类对社会生活的安全需要，刑事犯罪表现为对社会秩序的破坏。刑事政策的目的在于预防、惩罚与控制犯罪，其首要价值在于维护或者恢复被犯罪行为所破坏的社会秩序，满足人类对社会生活的需要。刑事政策的价值具有多样性，秩序价值是自由、正义与效率等其他价值赖以存在的基础。

第二，刑事政策的自由价值。自由一词广泛存在于政治学、哲学与法学领域。约翰·密尔认为，自由是"社会所能合法施用于个人的权利的性质和限度"④。个体是自由的利益主体，与整体相对应，不仅局限于个人，也包含个人所组成的组织，如公司、企业等。个体自由所受到的侵犯可能来自于国家与个人。刑事政策一方面通过预防、控制与惩罚犯罪保障个体自由不受犯罪行为的侵犯，从而保障个体自由的实现；另一方面以权利为基础又同时规范了权利运

---

① 高清海：《高清海哲学文存》（第五卷），吉林人民出版社1997年版，第283~285页。
② 严励："论刑事政策的价值目标——刑事政策的理性思辨之一"，载《法学评论》2004年第25卷第3期，第31页。
③ [美] E. 博登海默：《法理学：法律哲学与法律方法》，邓正来译，中国政法大学出版社1999年版，第219页。
④ [英] 约翰·密尔：《论自由》，许宝骙译，商务印书馆1959年版，第1页。

行的总体思路与基本方向，从而保障个体自由免受来自公权力的侵害。

第三，刑事政策的正义价值。美国法理学家博登海默曾说："正义有一张普罗透斯似的脸，变幻无穷、随时可呈不同的形态并具有极不相同的面貌。"① 何谓正义，不同时期、不同阶层的人们有不同的正义观，难以形成统一认识。罗尔斯认为，"处于原始状态中的人们，将选择两个相当不同的原则：第一个原则要求平等地分配基本的权利和义务；第二个原则则认为社会的经济和不平等只要其结果能给每一个人，尤其是那些最少受惠的社会成员带来补偿利益，它们就是正义的"。② 可见，正义要解决的主要问题是在社会成员之间公平而合理地分配社会资源。刑事政策的正义价值在刑事政策价值体系中具有重要意义。一是刑事政策通过预防、控制和惩罚犯罪来恢复社会正义。犯罪会造成对正义的损伤，防控和惩罚犯罪能够惩治刑事犯罪人，避免犯罪行为对正义的再次损伤，恢复原有的正义标准，使正义在惩罚犯罪和犯罪人的过程中得以凸显。二是通过对被害人或公共利益的补偿来恢复社会正义。纯粹的报应性司法无法弥补因犯罪行为引起的被害人身心和社会公益的损伤。恢复性司法理念下，在对犯罪的预防和控制当中，也体现了通过经济利益的补偿来平复为犯罪行为所损伤的正义。

第四，刑事政策的效益价值。效率一词来源于经济学，后被应用于价值哲学。效率一般是指成本与收益之间的关系。阿瑟·奥肯博士认为，效率是指"从一个给定的投入量中获得最大的产出"。③ 效率要对社会资源进行配置从而实现收益的最大化，即通过既定的资源投入获取最大的收益产出，或者以最少的资源投入获取既定的收益产出。刑事政策中的效率是公共权威机构在刑事犯罪治理中有效配置社会资源以实现对主体经济性需要的满足。效率在刑事政策的价值体系中具有举足轻重的地位。

刑事政策价值研究在考察刑事政策各种基本价值含义的基础上，还要探讨刑事政策各种基本价值目标之间的相互关系。主要体现为秩序和自由的关系以及正义与效率的关系。

第一，秩序和自由之间。秩序和自由从不同侧面满足人类的需要，秩序是对人类社会性需要的满足，自由是对人类个体性需要的满足，两者之间从根源

---

① [美] E. 博登海默：《法理学：法律哲学与法律方法》，邓正来译，中国政法大学出版社 1999 年版，第 251 页。
② [美] 约翰·罗尔斯：《正义论》，何怀宏、何包钢、廖申白译，中国社会科学出版社 1988 年版，第 12 页。
③ [美] 阿瑟·奥肯：《平等与效率：重大的抉择》，王奔洲等译，华夏出版社 1999 年版，第 2 页。

上存在对立。刑事政策是社会公共权威（国家或者政党）实现统治意志的工具，从本体意义上，刑事政策更偏重秩序价值，以秩序为优先，兼顾自由。但在现代法治国家，刑事政策要以法律作为运行的边界，秩序的维护要以保障社会成员的基本自由为前提。

第二，正义与效率之间。正义与效率并非全然对立，而是辩证统一的关系，刑事政策的正义价值与效率价值亦是如此。刑事政策要用有限的社会资源实现刑事犯罪的治理，自然要追求效能的最大化。作为公共政策，刑事政策具有综合性、指引性、灵活性、倡导性、开放性等特点[1]，自身的属性决定刑事政策较之刑法，在实现防控犯罪的过程中有着更为多样的选择和更灵活的适应性，以满足效率的需要。但刑事政策的效率价值假若背离正义，便会沦落为破坏法治、损害人权而单纯追求打击犯罪的工具。正如梁根林教授所言，任何刑事政策对效率的追求构成对刑事法理的任何背叛，则必然导致刑事政策合法性和正当性的危机。[2] 刑法对刑事政策的边界控制决定了刑事政策的效率价值要始终受到正义价值的制约。

二、环境污染刑事政策之价值解读

环境污染刑事政策因应经济社会的发展水平和环境犯罪风险的状况。在经济社会发展初期，经济发达国家普遍采取较为宽缓的环境污染刑事政策，对环境污染犯罪的惩处力度较小。随着社会经济水平的发展，生态环境犯罪风险的加剧，公民环境保护意识的增强，各国环境污染刑事政策愈加严厉。环境污染刑事政策之应然价值在于以下方面。

第一，实现环境正义。正义是政策和法律追求的重要价值目标，环境污染的刑事政策和刑法建构自然概莫能外。多数环境污染行为是个人、企业抑或地方政府为追求高额经济利益而刻意为之的行为。环境污染犯罪在严重侵害环境法益同时，也侵害其他个体的人身、财产等法益以及环境管理秩序法益。环境污染违法犯罪对个体之间、区域之间以及代际的环境正义造成损伤。环境污染刑事政策要体现对环境正义的追求。

第二，追求对环境权利的保护。在我国当前阶段，社会公众已经不再满足对基本生存权利的追求，环境权利成为人们希冀的权利之一。环境权是当代公民以及未来公民所共同享有的一项重要权利。人类在追求经济和社会发展的过程中，要尊重区域之间环境权利的平等，也要注重当代公民与未来公民环境权

---

[1] 侯宏林：《刑事政策的价值分析》，中国政法大学 2004 年博士学位论文，第 64 页。
[2] 梁根林：《刑事政策：立场与范畴》，法律出版社 2005 年版，第 30 页。

利的平衡。在现代社会，严重侵害环境权利的行为成立犯罪，环境污染刑事政策在惩罚、预防与控制犯罪的同时，体现对环境权利的保护。因而，国家或者政党在环境污染刑事政策的制定和实施中必然将对环境权利的保护作为考量的对象。

第三，维护环境管理秩序。污染环境罪侵害的法益包含环境资源管理秩序。何谓"秩序"，《辞海》将其解释为，"秩，常也；秩序，常度也，指人或事物所在的位置，含有整齐守规则之意"。美国法理学家博登海默将秩序界定为，"自然界与社会进程运转中存在着某种程度的一致性、连续性和确定性"[①]。污染环境罪规定在我国《刑法》第六章破坏社会管理秩序罪之中。环境管理秩序是我国环境污染刑事政策和环境刑法在传统上就加以保护的对象。污染环境罪的成立要求"违反国家规定"，此处的"国家规定"即是对国家环境资源管理法律秩序的维护。2016 年《环境污染解释》中第 1 条第 5 款将"通过暗管、渗井、渗坑、裂隙、溶洞、灌注等逃避监管的方式"排放、倾倒、处置危险废物认定为"严重污染环境"，第 6 款将"两年内曾因违反国家规定，排放、倾倒、处置有放射性的废物、含传染病病原体的废物、有毒物质受过两次以上行政处罚，又实施前述污染环境的行为"认定为"严重污染环境"，也体现出环境污染刑事政策和刑事司法对环境管理秩序的维护。

第三节 我国环境污染刑事政策之构建

一、环境政策之形成发展

伴随经济和社会的发展，环境问题已经成为国家在公共政策制定中优先考量的因素。环境政策是一个国家为了保护生态，防治环境污染，立足于当时的发展阶段和实际情况出台的计划、方案和各种对策的总称。[②] 国家在环境政策制定过程中，必然要面临经济发展和环境保护的冲突和选择。面对不断严峻的生态环境危机，各国纷纷制定日益严厉的环境政策，环境政策作为国家政治话语的显现，必然通过环境污染刑事政策，影响环境污染犯罪的刑事治理。因而，

---

① [美] E. 博登海默：《法理学：法律哲学与法律方法》，邓正来译，中国政法大学出版社 1999 年版，第 219 页。

② 高铭暄、郭玮："论我国环境犯罪刑事政策"，载《中国地质大学学报》（社会科学版）2019 年第 19 卷第 5 期，第 11 页。

环境污染的刑事治理在一定程度上受制于国家在不同时期制定的环境政策。

1972年6月5日，联合国国际环境会议在瑞典斯德哥尔摩召开，会议通过了《人类环境宣言》和《人类环境行动计划》，在人类环境保护的历史上具有里程碑性的意义。我国派出代表团出席了此次会议，我国的环境保护问题开始受到国家与社会的关注。我国环境保护政策主要经历非理性战略探索阶段、建立环境保护基本国策阶段、可持续发展战略阶段、环境友好型战略阶段、生态文明战略阶段。① 1983年我国第二次全国环境保护会议确立了环境保护的基本国策，制定"预防为主、防治结合""谁污染谁治理"和"强化环境管理"三大环境保护的基本政策。② 此后，我国相继颁布了《环境保护法》《水污染防治法》《大气污染防治法》《海洋环境保护法》《森林法》《草原法》等与环境和资源保护有关的法律，环境与资源保护法律体系逐步形成。在环境保护法律体系中，环境污染法律制度占有重要地位。

党的十八大明确提出，大力推进生态文明建设，努力建设美丽中国的目标。十八届三中全会进一步提出，建设生态文明，必须建立系统完整的生态文明制度体系，用制度保护生态环境。要健全自然资源资产产权制度和用途管制制度，划定生态保护红线，实行资源有偿使用制度和生态补偿制度，改革生态环境保护管理体制。2015年3月，中共中央政治局召开会议，审议通过《关于加快推进生态文明建设的意见》，提出坚持把节约优先、保护优先、自然恢复为主作为基本方针；在环境保护与发展中，把保护放在优先位置，在发展中保护、在保护中发展。我国环境政策体系得以初步形成。2015年《环境保护法》第4条规定，保护环境是国家的基本国策。国家采取有利于节约和循环利用资源、保护和改善环境、促进人与自然和谐的经济、技术政策和措施，使经济社会发展与环境保护相协调。第5条规定，环境保护坚持保护优先、预防为主、综合治理、公众参与、损害担责的原则。由此可见，我国的基本环境政策是经济社会发展和环境保护相协调，而在两者发生冲突时，要坚持"环境优先"。

习近平总书记在党的十九大报告中首次将"绿水青山就是金山银山"的理念写入党代会报告，并与"坚持节约资源和保护环境的基本国策"共同成为治国的基本方略。2018年6月，中共中央、国务院发布《关于全面加强生态环境保护坚决打好污染防治攻坚战的意见》。2018年7月，全国人民代表大会常务

---

① 王金南等："中国环境保护战略政策70年历史变迁与改革方向"，载《环境科学研究》2019年第43卷第10期，第1637~1639页。
② 孙宝乐、胡美灵："我国环境政策的演变分析与改进研究"，载《中南林业科技大学学报》（社会科学版）2014年第8卷第1期，第120页。

委员会通过了《关于全面加强生态环境保护依法推动打好污染防治攻坚战的决议》，国家将生态环境保护提高到重要的战略高度。

二、宽严相济刑事政策之贯彻

宽严相济刑事政策是我国预防、控制和惩治犯罪的基本刑事政策，对环境污染刑事立法和刑事司法发挥重要的指引作用。宽严相济之"宽"是指宽缓，之"严"是指严格或者严厉，最重要的是"济"即救济、协调与结合之意。[①] 环境污染是世界各国经济发展进程中均需应对的共性难题。随着环境执法政策由"宽松"走向"零容忍"，我国环境污染刑事司法裁判由屈指可数阶段走向渐入正规阶段。通过数据对比，显现环境污染刑事司法与地区环境污染、小型经济主体发展之间存在内在联系。在宽严相济基本刑事政策的指引下，我国刑事犯罪的治理体现出宽中有严，严中有宽，在宽和严之间保持协调和平衡。环境污染刑事惩治也应体现"宽"与"严"，并厘清"宽"和"严"之间的关系，实现生态保护、经济发展以及人权保障之间的协调和平衡。

在日益严峻的环境政策下，我国环境污染刑事政策逐渐趋于严厉。一是体现在入罪条件上的严厉。2011年《刑法修正案（八）》将污染环境罪的客观构成要件要素修订为"严重污染环境"。2016年《环境污染解释》第1条将"严重污染环境"细化为18种情形。其中第1款针对排放、倾倒、处置有害物质的地域范围作出规定；第2款对非法排放、倾倒、处置的危险废物数量作出规定；第3款、第4款对排放、倾倒、处置特定污染物超过国家或者地方污染物排放标准的情形作出规定；第5款对采取逃避监管方式排放、倾倒、处置危险废物作出规定；第6款对2年内因排放、倾倒、处置有害物质受到2次行政处罚又实施前述行为的情形作出规定；第7款对重点排污单位篡改、伪造自动监测数据或者干扰自动监测设施，排放特定污染物的情形作出规定；第8款对违法减少防治污染设施运行支出100万元以上情形作出规定；第9款对违法所得或者致使公私财产损失30万元以上情形作出规定；第10款对造成生态环境严重损害的情形作出规定；第11款至第17款通过"致使"从应对措施和损害后果方面对"严重污染环境"作出解释。上述规定可谓严密了刑事法网，体现了环境污染刑事政策在犯罪成立上的严厉性。

二是体现在明确了法定刑升格的具体情形。2016年《环境污染解释》第3条规定"致使县级以上城区集中式饮用水水源取水中断12小时以上的""非法排放、倾倒、处置危险废物100吨以上的""造成生态环境特别严重损害的"

[①] 陈兴良："宽严相济刑事政策研究"，载《法学杂志》2006年第27卷第1期，第21～22页。

等 13 种情形属于《刑法》第 338 条的"后果特别严重",按照《刑法》规定"处 3 年以上 7 年以下有期徒刑",体现了刑事政策之严厉性。

三是体现在规定了依法"从重处罚"的情形。2016 年《环境污染解释》第 4 条规定"应当从重处罚"的 4 种情形。较之 2013 年《环境污染解释》,增加了第 3 款"在重污染天气预警期间、突发环境事件处置期间或者被责令限期整改期间,违反国家规定排放、倾倒、处置有放射性的废物、含传染病病原体的废物、有毒物质或者其他有害物质的"和第 4 款"具有危险废物经营许可证的企业违反国家规定排放、倾倒、处置有放射性的废物、含传染病病原体的废物、有毒物质或者其他有害物质的"规定。2019 年《环境污染会议纪要》规定,对于发生在长江经济带 11 省(直辖市)的有关环境污染犯罪行为,可以从重处罚。[①]

四是体现在按照"处罚较重"的罪名定罪。2016 年《环境污染解释》第 6 条第 1 款规定,"无危险废物经营许可证从事收集、贮存、利用、处置危险废物经营活动,严重污染环境的,按照污染环境罪定罪处罚;同时构成非法经营罪的,依照处罚较重的规定定罪处罚"。第 8 条规定,"违反国家规定,排放、倾倒、处置含有毒害性、放射性、传染病病原体等物质的污染物,同时构成污染环境罪、非法处置进口的固体废物罪、投放危险物质罪等犯罪的,依照处罚较重的规定定罪处罚"。

五是体现在刑罚适用上的严厉。污染环境罪的刑罚适用直接关系到环境污染刑事治理的最终成效。在环境污染刑罚适用中,要坚持贯彻宽严相济的刑事政策,充分发挥刑罚的预防和惩罚功能。2019 年《环境污染会议纪要》规定严格适用不起诉、缓刑、免予刑事处罚,[②] 既考虑从宽处罚情节,也考虑从严处罚情节,使犯罪与刑罚相适应,也与刑罚的执行方式相适应。2019 年《环境污

---

① 2019 年《环境污染会议纪要》规定,对于发生在长江经济带 11 省(直辖市)的下列环境污染犯罪行为,可以从重处罚:(1)跨省(直辖市)排放、倾倒、处置有放射性的废物、含传染病病原体的废物、有毒物质或者其他有害物质的;(2)向国家确定的重要江河、湖泊或者其他跨省(直辖市)江河、湖泊排放、倾倒、处置有放射性的废物、含传染病病原体的废物、有毒物质或者其他有害物质的。

② 2019 年《环境污染会议纪要》规定,具有下列情形之一的,一般不适用不起诉、缓刑或者免予刑事处罚:(1)不如实供述罪行的;(2)属于共同犯罪中情节严重的主犯的;(3)犯有数个环境污染犯罪依法实行并罚或者以一罪处理的;(4)曾因环境污染违法犯罪行为受过行政处罚或者刑事处罚的;(5)其他不宜适用不起诉、缓刑、免予刑事处罚的情形。同时规定对于情节恶劣、社会反映强烈的环境污染犯罪,不得适用缓刑、免予刑事处罚。

染会议纪要》同时要求对判处缓刑的被告人同时宣告禁止令①，以加强非监禁刑的刑罚执行效果。

宽严相济刑事政策不仅体现在严厉，还体现在特定情形下的宽缓。依照宽严相济刑事政策，对于"严重的刑事犯罪、惯犯或者累犯，依法严厉打击"，对于"犯罪情节轻微，或具有从轻、减轻、免除处罚情节的，依法从宽处罚"。我国环境污染刑事政策在日渐严厉的同时，也体现出宽缓特征以及宽缓与严厉之间的协调和平衡。如对于行为人能够积极修复生态环境，且系初犯，确有悔罪表现的，也体现出宽缓的特点。②

三、生态环境保护优先之提倡

环境污染刑事司法裁判数量是多方因素共同作用的结果，如地区经济发展、产业结构、环境污染程度、环境刑事司法的水平等。面对日益严峻的环境风险，高铭暄教授等提出"并行"的环境犯罪刑事政策，"并行"的字面意思是指同时前进、相辅相成、互相促进，具体是指社会经济发展与生态环境保护要并行不悖，互相促进，和谐发展。③当然，这里的"社会经济发展"是一种全面、协调、可持续的社会经济发展。生态环境与经济发展的和谐共生，是人类社会期冀实现的目标，然而两者之间不仅表现为和谐共生，也可能表现为冲突对抗。环境污染刑事政策的设计要在两者之间进行理性的选择，即社会经济与生态环境何者优先。

目前，我国经济发展状况达到较高水平，民众的环境保护意识不断增强。如前所述，我国 2015 年《环境保护法》确立了"环境保护优先"的环境政策，主张经济社会的发展要以对生态环境的保护为前提。我国环境污染刑事政策在经济社会发展与生态环境保护冲突时，也要优先选择生态环境保护。2015 年《关于加快推进生态文明建设的意见》提出，对各类环境违法违规行为实行"零容忍"，加大查处力度，严厉惩处违法违规行为。我国环境污染刑事政策逐步走向严厉。

---

① 2019 年《环境污染会议纪要》规定，人民法院对判处缓刑的被告人，一般应当同时宣告禁止令，禁止其在缓刑考验期内从事与排污或者处置危险废物有关的经营活动。生态环境部门根据禁止令，对上述人员担任实际控制人、主要负责人或者高级管理人员的单位，依法不得发放排污许可证或者危险废物经营许可证。

② 2016 年《环境污染解释》第 5 条规定，实施《刑法》第 338 条、第 339 条规定的行为，刚达到应当追究刑事责任的标准，但行为人及时采取措施，防止损失扩大、消除污染，全部赔偿损失，积极修复生态环境，且系初犯，确有悔罪表现的，可以认定为情节轻微，不起诉或者免予刑事处罚；确有必要判处刑罚的，应当从宽处罚。

③ 高铭暄、郭玮："论我国环境犯罪刑事政策"，载《中国地质大学学报》（社会科学版）2019 年第 19 卷第 5 期，第 12 页。

四、环境污染刑事政策之实现

环境污染刑事政策与环境刑法之间互相影响、互相融合，体现在：刑事政策能够为刑事立法、刑事司法和刑事执法提供目标指引，刑法又是刑事政策得以实现的重要方式和发挥作用的基本边界。如果以生态环境保护优先，一般采取严厉的环境污染刑事政策，关注对环境污染犯罪的预防和控制。刑法是保障社会的最后一道屏障，刑事政策体现在刑法领域，是将环境法益作为污染环境罪的独立法益，严密刑事法网，理性扩大环境犯罪圈，体现在刑事诉讼领域，是改良环境污染刑事诉讼程序，探索行政执法与刑事司法衔接的有效路径，实现环境污染的综合治理。

当前世界各国环境污染刑事政策普遍旨在实现环境污染刑事犯罪的惩罚、控制和预防，在刑事政策的制定和执行中凸显严厉性。如美国的环境刑法针对环境犯罪设置了严重的刑罚。以《美国水污染防治法》为例，有期徒刑最高可达15年，罚金刑最高可达每日25万美元，如果2次犯罪，有期徒刑最高可达30年，罚金刑可达每日50万美元。[①] 环境法治发展早期，我国普遍采取粗放式的经济增长模式，在经济发展和生态环境保护之间更为关注经济发展，环境污染刑事政策较为宽松。在不断严峻的环境风险之下，我国污染环境罪的刑事政策日渐严厉。1997年《刑法》增设"重大环境污染事故罪"，2011年《刑法修正案（八）》将"重大环境污染事故罪"修正为"污染环境罪"。2013年和2016年最高人民检察院、最高人民法院《环境污染解释》的发布，表明了我国刑事司法对环境污染犯罪惩治力度的加强。2019年《环境污染会议纪要》虽非司法解释，但是作为刑事司法政策，进一步严厉了污染环境罪的惩治力度。我国污染环境罪刑事政策总体上偏于严厉，污染环境罪是否应体现宽严相济的刑事政策，一味地严厉是否能真正达到环境污染犯罪的刑事治理目的值得进一步思考。

刑事政策的扩张性与刑法教义学的谦抑性显现出矛盾与冲突。在各地环境污染刑事司法实践中，刑事政策由于受运动式治理模式驱动，在入刑的边界上，常会对刑法产生冲击。刑法要在法益保护与人权保障两种机能之间保持平衡。环境污染刑事政策不能改变污染环境罪之犯罪构成。

---

① 张福德："美国环境犯罪的刑事政策及其借鉴"，载《社会科学家》2008年第15卷第1期，第81页。

第四章
污染环境罪刑事惩治之刑法进路

2014年党的十八届四中全会通过《中共中央关于全面推进依法治国若干重大问题的决定》（以下简称2014年《决定》）提出要用"严格的法律制度保护生态环境，加快建立有效约束开发行为和促进绿色发展、低碳发展的生态文明法律制度"。刑法作为生态文明法律制度的重要组成部分，对于预防和惩治环境犯罪，保护生态环境发挥重要作用。我国环境刑事政策由宽松走向"零容忍"，现有刑事立法和司法解释为污染环境罪的司法运作提供了参考依据，环境污染刑事司法呈现出前所未有的欣欣向荣景象。但是，我国环境刑法和传统刑法之间紧张对立的关系并未得到根本解决，污染环境罪的刑事治理仍旧存在诸多争议，刑法理论界在污染环境罪的边界研究上依然模糊不清，刑事司法界在该罪的法律适用上也莫衷一是。借鉴国外环境污染刑事治理的先进立法和实践经验，探索我国污染环境罪刑事惩治之刑法进路迫在眉睫。

第一节　环境刑法变迁之于刑法的谦抑性

一、污染环境罪与刑法谦抑性

环境犯罪是世界各国在经济发展中均需应对的共性难题。20世纪中叶，美国、德国、日本等法治发达国家普遍遭遇严重的环境污染，鉴于环境行政违法成本过低，环境违法治理目的难以达成，上述国家开始逐步严惩环境刑事犯罪。但自20世纪最后10年开始，环境刑法的发展伴随一种紧张的对立关系，以德国为例，一方面，更为关注人类以及环境的生物性危险，呼吁更为严厉的环境刑法，另一方面，环境刑法也面临着来自经济学与刑法教义学的异议，经济领石达到 57%，铜达到 70%，铝达到 80%。①

三、中国社会面临发展压力

人口问题的实质是人口的数量、结构、分布等与经济、社会、资源、环境间的平衡协调，人口增长速度过快，超过自然界的承载能力，则会造成资源的衰竭与环境的恶化。人口问题是我国持续发展亟待解决的首要问题，也是长期制约中国经济可持续发展的重要因素。2013 年年底，我国大陆地区人口总数为 13.6 亿，其中 60 岁以上老年人口超过 2 亿，占总人口的 14.9%。我国当前人口特征呈现出总量高峰、就业人口高峰、老龄化高峰并存的局面。控制人口增长率，优化人口结构与分布是保证我国生态环境、自然资源与社会经济可持续发展的关键因素。

此外，中国社会也要应对社会与经济协调发展的问题。《当代中国社会结构》报告指出：中国社会结构比经济发展落后约 15 年，从产业结构上看，中国经济已处于工业化中期，但中国社会仍处于工业化初期。② 经济与社会发展不协调导致了社会资源在不同区域、不同阶层之间分配不均，城乡发展不均衡，社会成员之间贫富差距悬殊，社会矛盾与冲突加剧，而上述因素也阻滞了中国可持续发展的进程。可持续发展的公平性包涵本代人之间的公平、代际人之间的公平与有限资源的公平。2018 年我国 GDP 总量位居世界第 2 位，但人均 GDP 却仅列世界第 67 位。

第三节 我国环境刑法伦理基础之选择

我国目前正处于经济和社会发展重要的转型时期，现存的资源与环境危机已然无法避免。处于现代化进程中的中国，该如何应对时代的挑战，实现国家经济与社会的可持续发展？马克思主义生态观为解决我国生态环境问题提供了理论基础，使可持续发展问题具有了哲学根基，同时也为环境刑法的应然性建构提供了哲学支撑。

---

① 闫薇娜、谭志雄：“论资源危机与生态文明建设”，载《重庆大学学报》（社会科学版）2006 年第 12 卷第 5 期，第 66 页。

② 陆学艺：“当代中国社会结构变动中的社会建设”，载《甘肃社会科学》2010 年第 32 卷第 6 期，第 2 页。

域认为环境刑法危害了德国的经济状况，刑法教义学把刑法视为最后的手段。①

《刑法修正案（八）》出台后，我国刑法学界对污染环境罪的研究可谓全方位，降低入罪门槛、提前法益保护成为主流观点，环境污染刑事司法亦主动亮剑，刑事裁判文书数量激增，刑罚的处罚范围不断扩张。但也有学者指出，环境法益保护的早期化与精神化观念正冲击传统刑法的谦抑主义，进而反对环境法益保护的早期化。② 环境法益保护的早期化，主要体现为降低污染环境罪的入罪门槛，增设抽象危险犯，这势必会造成刑事犯罪圈的扩张。刑法的谦抑性是指刑法应依据一定的规则控制处罚范围与处罚程度，适用其他法律足以抑制时，就不要将其规定为犯罪；凡是适用较轻的制裁方法足以抑制某种犯罪行为时，就不要规定较重的制裁方法。③ 作为近代刑法的根本理念，刑法的谦抑性要求刑法的补充性、片断性与宽容性④，缩小刑事犯罪圈。在要求严惩环境犯罪的刑事政策需求下，是否以及如何坚守刑法的谦抑性已然成为环境刑法讨论的基本理论问题。

二、污染环境罪应恪守刑法谦抑性

污染环境犯罪中，环境法益之独立、抽象危险犯之兴起、疫学因果关系与推定规则之适用，使刑事犯罪圈的扩张不可避免，然而刑事犯罪圈的扩张与刑法谦抑性原则之间并非决然对立。刑法的谦抑性作为刑法的根本理念，会随着社会的发展而发生变迁，"刑罚的处罚范围并非越窄越好，而是越合理越好"⑤。风险社会背景下，刑法研究必须考虑刑法理论的合目的性与有效性的问题，而不能仅追求体系内在的逻辑自洽。⑥ 重大环境污染事故罪法益保护的滞后使我国环境污染刑事司法裁判长期寥寥无几，显然无法应对日益严峻的环境危机，严重侵害了环境法益，人身权、财产权等人类法益以及社会秩序法益。《刑法修正案（八）》降低了污染环境罪的入罪门槛，2013 年和 2016 年《环境污染解释》将"严重污染环境"的规定进一步予以明确，有利于惩治污染环境犯罪，使该罪的处罚范围更趋于合理，与刑法谦抑性原则并不相悖。

---

① ［德］阿耳宾·埃斯尔："二十世纪最后十年里德国刑法的发展"，冯军译，载《法学家》1998 年第 13 卷第 6 期，第 114~115 页。
② 刘艳红："环境犯罪刑事治理早期化之反对"，载《政治与法律》2015 年第 34 卷第 7 期，第 2 页。
③ 张明楷："论刑法的谦抑性"，载《法商研究》1995 年第 11 卷第 4 期，第 55 页。
④ 马克昌："危险社会与刑法谦抑原则"，载《人民检察》2010 年第 17 卷第 3 期，第 7 页。
⑤ 张明楷："网络时代的刑法理念——以刑法的谦抑性为中心"，载《人民检察》2014 年第 21 卷第 9 期，第 12 页。
⑥ 劳东燕："风险社会与变动中的刑法理论"，载《中外法学》2014 年第 36 卷第 1 期，第 71 页。

然而，在日趋严格的环境污染刑事政策下，刑法理论与司法实务亦应正视环境刑法在环境刑事治理中的定位，环境刑法是解决环境污染刑事治理问题的重要路径，而非唯一路径。环境污染刑事司法背后体现的是国家在经济利益与环境利益矛盾冲突时的艰难选择，污染环境罪的良好运行，不仅取决于刑法条文的自身及其司法适用，更受制于环境行政执法对环境刑事司法的影响，刑事实体法与刑事程序法之间的协调。污染环境罪刑事司法应在严厉惩治环境污染犯罪同时，亦保持客观与理性，恪守刑法的谦抑性，珍视法治国家的人权保障。刑法的谦抑性体现在：法官在司法适用过程中，通过对污染环境罪法益的衡量来把握刑法的有效性，合理解释污染环境罪的构成要件，恰当追究污染环境犯罪的刑事责任，以免出现"矫枉过正"的误区。

我国环境污染刑事司法裁判数量与中小企业、小微企业、个体工商户等小污染源污染之间存在密切的联系，这一方面体现了官方对环境污染刑事犯罪的惩治力度，另一方面也反映了上述企业对我国环境污染所产生的现实影响。我国环境污染监管体制虽然有所加强，但是仍存在一定盲区。我国应建立严格的监管体制，加大对小企业、小作坊等小污染源污染环境行为的打击力度。小企业在我国经济发展中发挥了一定作用，在打击的同时，也应加强对上述小企业的引导与扶持，促进其走向良性发展道路，否则极易出现环境治理中的反复。

第二节 污染环境罪之法益定位

一、污染环境罪法益定位之现状

刑法规制的基本界限在于法益保护，法益概念具有构成要件的解释论机能。我国刑法理论界在污染环境罪的法益定位上还远远未达成共识。污染环境罪的法益之辩根本上源自环境伦理观的分歧，环境伦理观有人类中心主义伦理观、生态中心主义伦理观、生态人类中心主义伦理观之争，相应形成人类中心主义法益观、生态中心主义法益观、生态人类中心主义法益观等基本观点。

以人类中心主义伦理观为基础，人类中心主义法益观以人类利益作为环境刑法保护的中心。环境刑法保护的最终法益是人类利益，只有人类的生命、健康和财产法益受到侵害或者有侵害危险时，才有刑罚处罚的必要。我国环境刑法传统上坚持人类中心主义法益观，破坏环境资源保护罪位于我国刑法分则第六章破坏社会管理秩序罪当中，1997年《刑法》第338条规定，污染环境行为只有"造成重大环境污染事故，致使公私财产遭受重大损失或者人身伤亡的严重后果的"，才成立"重大环境污染事故罪"。我国早期刑法理论大多主张人类中心主义法益观，从犯罪客体角度对此展开研究。如通说观点将环境犯罪的侵犯客体定位为国家环境管理秩序或国家环境管理制度。[①] 环境管理秩序或环境管理制度较为抽象，具体指向何种利益并没有明确。有观点认为，环境犯罪的客体是"因危害环保法规定的环境要素而危害公共安全，即不特定多数人的生命健康和重大公私财产的安全"[②]。有观点认识到环境犯罪侵犯的是复杂客体，包括因危害《环境保护法》中规定的各种环境要素而侵犯所有权、人身权、环境权等。[③] 人类中心主义法益观没有关注对环境法益的独立保护，对污染环境罪的法益保护过分迟延，远远无法适应环境利益保护的需要。目前我国众多学者已经认识到人类中心主义的局限性，人类中心主义法益观在学界的影响力已日渐式微，但在我国环境刑法立法理念中依然占有重要的地位。

生态中心主义法益观可分为纯粹的生态中心主义法益观和系统的生态中心主义法益观。纯粹的生态中心主义法益观不仅将与人类的自然生存基础无关联的作为环境介质的物质纳入环境法益的范畴，甚至主张附着于江河、山、岩石等的生命权与人格权也是环境法益。[④] 将自然界中的植物、动物乃至自然环境本身作为权利主体的法律困惑在于：权利与义务相对应，如果赋予自然环境权利主体的地位，它必然要承担相应的义务和责任，而对自然环境的责任无法追究。系统的生态中心主义法益观论者将"现状中的环境"视为环境刑法的法益。[⑤] 生态系统是自然界一定的空间内，生物与环境构成的统一整体。在这个统一的整体中，各种生物和环境之间相互影响、相互制约，并在一定时期内处于相对稳定的动态平衡状态。人类作为生态系统的一部分，人类法益理应成为环境刑法保护的对象。但生态系统不仅限于人类，环境本身也应成为环境刑法保护的对象。

生态人类中心法益观论者认为，"在环境刑法中，首先应当考虑的是人类的重要利益，但在与人类利益相关的范围内，也应动用刑罚来保证环境保护的

---

① 高铭暄、马克昌：《刑法学》，北京大学出版社、高等教育出版社2012年版，第525页。
② 王力生、牛广义："环境犯罪及其立法的完善"，载《当代法学》1991年第5卷第3期，第65页。
③ 邹清平："论危害环境罪"，载《法学评论》1986年第7卷第3期，第50页。
④ [韩] 金日秀："环境刑法的新挑战与刑法应对"，郑军男译，载《吉林大学社会科学学报》2019年第59卷第2期，第56页。
⑤ [日] 伊东研祐：《环境刑法研究序说》，成文堂2003年版，第48页。

利益"①。该观点虽将刑法保护对象扩展至环境保护的利益，但优先考虑的仍是人类的重要利益，环境利益只有与人类利益相关时，才会成为刑法保护的对象。从本质而言，该观点仍为人类中心主义。有学者主张"共进的生态人类中心主义"环境观，认可人类价值和环境价值的双重优先性，主张在实践活动中兼顾人类经济社会活动与自然环境的维护和提升，以实现人与自然的共同繁荣、共同进步和共同发展。② 该观点将环境价值与人类价值同等作为加以考量的对象，提倡人类利益与生态价值的统一，共同发展，与系统的生态中心主义法益观具有共通之处。其面临的问题是当人类利益与环境利益发生冲突时，如何加以取舍。

如前文所述，我国修正后的污染环境罪在一定程度上顺应了加强环境污染刑事惩治的时代潮流，凸显了环境法益之独立性。有学者认为，污染环境罪侵害的法益包含秩序法益、人类的生态法益与非人类的其他主体的生态法益。③ 然而，我国《刑法》第 338 条"严重污染环境"这一犯罪的核心构成要件高度抽象模糊，难以据此直接作出入罪的司法判定。2016 年《环境污染解释》将"严重污染环境"具体情形扩充至 18 种，虽然各种情形保护法益的类型各异，但是"解释仍固守较为落后的、陈旧的以个人法益或社会管理秩序作为法益保护的基本定位"④。如第 5 项"通过暗管、渗井、渗坑、裂隙、溶洞、灌注等逃避监管的方式排放、倾倒、处置有放射性的废物、含传染病病原体的废物、有毒物质的"、第 7 项"2 年内曾因违反国家规定，排放、倾倒、处置有放射性的废物、含传染病病原体的废物、有毒物质受过两次以上行政处罚，又实施前列行为的"即是对国家环境管理秩序的违反。虽然我国污染环境罪案件中因侵害环境法益而成立犯罪的案件占据一定比例，但是在我国司法实践中对污染环境罪的法益定位依旧比较模糊，对如何确立法益的位阶以及如何确定诸种法益之间的关系，目前仍然没有形成明确的意见。

二、关注环境法益之独立保护

世界范围内环境刑法大多经历了由人类中心主义法益观向生态中心主义法

---

① ［日］今井猛嘉："环境犯罪"，李立众译，载《河南省政法管理干部学院学报》2010 年第 17 卷第 1 期，第 11 页。
② 赵星："论环境法对传统法学理论的挑战"，载《法学论坛》2014 年第 29 卷第 5 期，第 68 页。
③ 焦艳鹏："法益解释机能的司法实现——以污染环境罪的司法判定为线索"，载《现代法学》2014 年第 36 卷第 1 期，第 111～113 页。
④ 钱小平："环境法益与环境犯罪司法解释之应然立场"，载《社会科学》2014 年第 36 卷第 8 期，第 102 页。

益观的转变。此处的生态中心主义法益观为系统的生态中心主义法益观,而并非纯粹的生态中心主义法益观,即人类是生态系统的一部分,人类与生态共存,保护生态环境也是对人类自身的保护。当自然环境与人类对于经济利益的追求相冲突时,应以对自然环境的保护为基本前提。

考察环境法治发达国家污染环境罪的刑事立法,污染环境罪法益保护日益呈现多元化,包含对环境法益,传统的人身、财产、生活安宁等人类法益以及国家环境管理秩序的保护,环境法益日渐成为环境刑法的独立保护法益。《德国基本法》第 20 条 a 规定保护自然生活环境,出于对后代的责任,国家在宪法秩序的范围内,通过立法并依法由行政和司法机构对自然生活环境和动物予以保护,突出环境法益的保护。1998 年《德国刑法典》单独设立第二十九章环境犯罪,共规定 13 个法律条文,其中有 9 个条文分别设置 9 个具体的罪名,明确对水域、土壤、空气、噪声、震动、非游离辐射、垃圾处理、保护区等侵害对象的保护。例如,第 324 条"污染水域罪"将"未经许可污染水域或对水质作不利改变"规定为犯罪行为,环境法益作为独立法益在刑法中得以体现。1996 年《俄罗斯刑法典》以专章形式规定生态环境犯罪,且第二十六章中 17 个条款均将生态环境法益作为污染环境罪的独立构成要件。[①]

污染环境罪对环境法益的侵害是一种直接侵害,而对人类法益以及环境管理秩序的侵害是以环境为媒介的间接侵害,因而,"该罪保护的主要法益不是公共安全,而是环境本身"。[②] 在"严重污染环境"的行为侵害环境法益,并未侵害人类法益和公共安全时,也具有刑罚处罚的必要。我国环境刑法亦应建立多元化的法益保护,将"生态环境法益"作为环境犯罪的独立保护法益。我国《刑法修正案(八)》和 2016 年《环境污染解释》开始关注对环境法益的独立保护。《刑法修正案(八)》以"严重污染环境"作为污染环境罪的成立条件,2016 年《环境污染解释》第 1 条第 1 项将"在自然保护区核心区排放、倾倒、处置有放射性的废物、含传染病病原体的废物、有毒物质的"、第 10 项将"造成生态环境严重损害的"作为"严重污染环境"的情形,上述行为显然是针对环境而实施的。在第 3 项、第 4 项中将"严重污染环境"的入罪标准按照行为侵害环境法益的程度予以区分,由于"铅、汞、镉、铬、砷、铊、锑的污染物"属于一类重金属,毒害性远高于"含镍、铜、锌、银、钒、锰、钴的污染物",因而上述分别规定了"超过国家或者地方污染物排放标准 3 倍以上"和

[①] 冯军:"国外环境污染犯罪治理的经验分析",载《河北法学》2014 年第 32 卷第 3 期,第 34 页。

[②] 陈洪兵:"解释论视野下的污染环境罪",载《政治与法律》2015 年第 34 卷第 7 期,第 27 页。

"10 倍以上"的犯罪成立条件。

然而,我国环境刑法对环境法益的保护还远远不足,我国《刑法》环境犯罪部分应独立成章,环境污染犯罪部分独立成节,针对不同保护对象设置不同的罪名,规定独立的构成要件,从而突出对环境法益保护的体系性和完整性。水体、大气、土壤是环境污染主要的侵害对象,可增设水污染罪、污染大气罪、污染土壤罪等。在刑事立法未完成修订前,刑事司法解释应按照污染环境罪的侵害法益进行体系性梳理,结合污染环境罪保护法益的具体种类、行为对于法益的侵害程度、危险情状或者实害结果作出是否入罪的司法适用。

第三节 污染环境罪之行政从属性

一、环境刑法之行政从属性桎梏

环境法治发达国家在惩治环境犯罪中选择了各具特色的环境刑法立法模式。英美法系国家环境刑法主要采取附属立法模式,以环境行政法中的附属条款作为主要存在形式。如美国 1976 年的《资源节约与回收利用法》、1977 年的《水清洁法》、1980 年的《固体废物处置法修正案》、1984 年的《危险和固体废物修正案》、1987 年的《水质法》、1990 年的《清洁空气法修正案》等含有大量环境刑法条款。德国环境刑法则主要采取核心立法模式,1998 年《德国刑法典》设立第二十九章惩治环境犯罪。在《德国刑法典》内部,德国针对环境立法采取分立模式,根据侵害对象不同,在犯罪罪名、行为、结果、罪过形式和刑罚等方面均实现了分立[①]。2010 年《日本刑法典》修正,其中第 142 条至第 147 条分别规定净水污染罪、水道污染罪、净水毒物等混入罪、净水污染等致死伤罪、水道毒物等混入及同等致死罪、水道损害及闭塞罪;1970 年通过环境单行刑法《公害罪法》规定环境犯罪及其刑罚,成为日本环境犯罪立法的特色。

我国环境刑法主要采取核心立法模式,《刑法》第六章第六节设立"破坏环境资源保护罪",依照传统理论观点,我国环境刑法具有行政从属性,表现为环境刑法受制于环境行政法。首先,"破坏环境资源保护罪"位于"妨害社会管理秩序罪"一章中,该章所侵害的共同法益在于社会管理秩序,即由社会生活所必须遵守的行为准则与国家管理活动所调整的社会模式、结

---

① 李梁:"德国环境刑法的立法模式及其对我国的借鉴意义",载《法学杂志》2018 年第 39 卷第 11 期,第 64 页。

构体系和社会关系的有序性、稳定性与连续性。① 这使"环境法益"从刑事立法上难以成为环境刑法独立保护的法益。其次,行政从属性缘于"空白罪状"的刑事立法技术,体现为环境刑法与前置法环境行政法之关系。我国污染环境罪的成立以"违反国家规定"为前提,违反行政法上的规定或者决定是判断实行行为违法性的前提要素。所谓"违反国家规定",依照我国《刑法》第96条,包含全国人民代表大会及其常务委员会制定的法律和决定,国务院制定的行政法规、规定的行政措施、发布的决定和命令。我国法律法规对环境污染行为的规定,通常是原则性、概括性规定,对于行为违法性进行具体判断在很大程度上不能仅限于此。"将'国家规定'限制于上述范围,缺乏现实性与可行性,其原因在于上述法律、行政法规、行政措施、行政决定与命令并不能准确界定环境犯罪行为"②。2016年《环境污染解释》第1条第3项"超过国家或者地方污染物排放标准3倍以上"、第4项"超过国家或者地方污染物排放标准10倍以上"规定来看,对"违反国家规定"的理解明显超过了《刑法》第96条之规定。最后,在我国司法实践中,环境刑事司法程序的启动往往受到刑法和相关行政法规范或行政行为的双重制约,③ 这使得"环境刑事司法对环境行政执法存在高度的依赖性"④。

环境行政立法不足和行政执法不力会导致环境刑法难以有所作为,环境刑事制裁缺位。如企业取得排污行政许可排放污染物但"严重污染环境",造成2016年《环境污染解释》第1条第15项"致使30人以上中毒的",依照我国目前法律规定则无法追究刑事责任。我国采取行政违法与刑事犯罪二元化的治理模式,环境行政违法行为与环境刑事犯罪行为在性质上同一,仅有量上的区分,即使在2016年《环境污染解释》出台后,"严重污染环境"的司法适用仍存有较大争议。污染环境行政违法与污染环境犯罪之间界限模糊,环境行政执法和刑事司法各自发挥作用的场域不明,这也造成环境行政执法人员在界分环境行政责任与环境刑事责任时困难较大,环境刑法实质上没有发挥法益保护最后屏障的良好功能。

---

① 张明楷:《刑法学(下)》,法律出版社2016年版,第1030页。
② 庄乾龙:"环境刑法定性之行政从属性——兼评《两高关于环境污染犯罪解释》",载《中国地质大学学报》(社会科学版)2015年第16卷第4期,第55页。
③ 宋伟卫:"公众参与型环境犯罪治理模式之提倡",载《山东警察学院学报》2014年第21卷第4期,第52页。
④ 董邦俊:"论我国环境行政执法与刑事司法之衔接",载《中国地质大学学报》2013年第15卷第6期,第3页。

二、环境刑法独立性之维护

环境刑法之行政从属性,是我国刑事立法当前作出的一种选择。我国污染环境罪以污染环境行为违反前置性法规,如《环境保护法》《海洋环境保护法》《大气污染防治法》《水污染防治法》《固体废物污染防治法》等作为入罪的基础性条件,污染环境罪的规制范围受环境行政法调整范围的直接制约。因此,充实环境行政立法,加强环境行政执法对环境污染刑事治理效能的提升具有重要意义。环境的整体性与独立性是不以人的意识为转移的客观存在,环境行政管理秩序调整的仅是立法者所希望的,而不是全部环境。① 污染环境罪司法适用必须保持其应有的独立性。

其一,实现污染环境罪刑法之界分功能。我国污染环境犯罪的成立以违反环境行政法为前提,刑事立法和司法解释旨在通过定量功能在环境犯罪与行政不法行为之间作出区分,2016 年《环境污染解释》将"严重污染环境"的具体情形予以细化,但其个别条款的确定量不明,如第 1 条第 5 项"通过暗管、渗井、渗坑、裂隙、溶洞、灌注等逃避监管的方式排放、倾倒、处置有放射性的废物、含传染病病原体的废物、有毒物质的"即和《水污染防治法》第 39 条②规定的逃避监管方式存在一致部分,上述行为既是违反《水污染防治法》的行政违法行为,又是违反《刑法》第 338 条之刑事犯罪行为,环境违法行为与犯罪行为相混淆,刑法并没有发挥作为最后一道屏障的独立的调整功能,期待未来的刑事立法和司法解释能准确区分两者,实现刑法之界分功能。

其二,维护环境污染刑事司法程序启动之独立性。环境刑法与环境行政法分属不同领域,环境刑法惩治环境犯罪,环境行政法规制环境行政违法行为,行政管理与行政执法并非环境污染刑事司法程序启动之前置条件。然而,在我国司法实践中,环境刑法却对环境行政法具有很强的依赖性。环境污染刑事司法启动程序的加强有助于环境刑法独立性的维护。因此,我国污染环境罪刑事立案来源应多元化,除环保部门与公安机关形成合力外,也要加强污染环境刑事启动中的公众参与,如赋予污染环境案件刑事被害人自诉权、鼓励公民举报环境违法犯罪行为、加强公众组织的参与程度等。

---

① 钱小平:"环境法益与环境犯罪司法解释之应然立场",载《社会科学》2014 年第 36 卷第 8 期,第 103 页。

② 《水污染防治法》第 39 条规定,禁止利用渗井、渗坑、裂隙、溶洞,私设暗管,篡改、伪造监测数据,或者不正常运行水污染防治设施等逃避监管的方式排放水污染物。

第四节　污染环境罪之犯罪形态

一、污染环境罪犯罪形态之困惑

我国学界对污染环境罪犯罪形态的研究可谓众说纷纭，行为犯、结果犯、危险犯、实害犯、情节犯等观点相持不下[①]。明确学术讨论的平台是厘清污染环境罪犯罪形态的前提，正如有学者所言，犯罪形态领域，行为犯与结果犯相对，解决的是犯罪既遂的标准与因果关系认定问题，危险犯与实害犯相对，解决的是犯罪成立条件或者处罚根据问题。[②] 鉴于本书重点探究污染环境罪之入罪条件，因此着重从实害犯与危险犯角度分析。

实害犯是指犯罪行为对法益造成实际侵害，危险犯是指犯罪行为对法益仅造成危险性，危险犯又可分为具体危险犯与抽象危险犯。具体危险犯是指行为人对具有受保护法益之特征的行为客体造成具体的危险，而抽象危险犯旨在保护法益免于遭受的并非特定的危险，而是该法益的相互交往中一般的社会相当危险。[③]

长期以来，我国《刑法》"重大环境污染事故罪"采取结果犯模式，环境污染刑事司法裁判阙如。目前《刑法》第338条对污染环境罪犯罪形态的表述仍然甚为模糊，部分学者认为污染环境罪仍为结果犯，如"污染环境罪是比较典型的行为与结果二元型的结果犯"[④]、"《刑法修正案（八）》并未改变污染环

[①] 具体而言，持行为说的观点如李尧："如何界定污染环境罪中的'处置'行为"，载《中国检察官》2014年第16卷第4期，第76页；李涛："污染环境罪属于行为犯而非结果犯"，载《检察日报》2016年11月9日，第3版。持结果说的观点如单民："浅析达标排污致损负刑事责任的理论可能性"，载《法学杂志》2013年第44卷第5期，第24页。持危险犯的观点如陈君："论疫学因果关系在污染环境罪中的适用"，载《北京理工大学学报》（社会科学版）2011年第13卷第6期，第97~101页。持实害犯的观点如苏永生："污染环境罪罪过形式之体系解释"，载《山东警察学院学报》2014年第21卷第3期，第56页。持情节犯的观点如刘清生："论污染环境罪的司法解释"，载《福州大学学报》（社会科学版）2013年第20卷第5期，第70页。

[②] 陈洪兵："解释论视野下的污染环境罪"，载《政治与法律》2015年第34卷第7期，第28页。

[③] [德] 乌尔斯·金德霍伊泽尔：《刑法总论教科书》，蔡桂生译，北京大学出版社2015年版，第67~68页。

[④] 焦艳鹏："污染环境罪因果关系的证明路径：以'2013年第15号司法解释'的适用为切入点"，载《法学》2014年第37卷第8期，第134页。

境罪的结果模式"①。2016 年《环境污染解释》依据侵害对象、行为方式、行为程度抑或行为引发的结果等,对该罪的犯罪成立设置了不同标准。该解释第 1 条第 9 项,第 11 项至第 17 项部分沿袭了"重大环境污染事故罪"关于"财产损失"或者"人身伤害"的规定,体现为对人类法益的保护。该解释第 1 条第 1~5 项即是对行为人污染行为的侵害对象、行为方式或者行为程度的限定,如第 1 项"饮用水水源一级保护区、自然保护区核心区"是对污染行为侵害对象的限定;第 2 项"危险废物 3 吨以上"是对污染行为数量的限定;第 5 项"通过暗管、渗井、渗坑、裂隙、溶洞、灌注等逃避监管的方式"是对污染行为方式的限定,均并不要求污染环境行为发生实害或者具体危险。2016 年《环境污染解释》确立了"严重污染环境"之多元判定标准,对该罪的刑事司法认定无疑已经包含并未出现实害结果的危险犯。2014 年 848 份样本中,因出现污染环境实害结果而被定罪的案件数量极少,而因违反 2013 年《环境污染解释》第 1 条第 2~4 项而被定罪的案件则占样本总数的 98.8%。但也有学者质疑司法解释是突破立法将没有造成法益实际损害的情形贸然定罪,"《解释》增设抽象危险犯形态的污染环境罪有悖罪刑法定原则、有违刑法谦抑原则、偏离生态环境保护这一核心目标"②。污染环境罪应否包含抽象危险犯,通过何种形式规定抽象危险犯以及抽象危险犯之边界成为我国污染环境罪犯罪形态理论研究与刑法适用的难题。

二、污染环境罪犯罪形态之辨析

《刑法修正案(八)》颁布之前,我国"重大环境污染事故罪"成立要求"造成重大环境污染事故",而且致使"公私财产遭受重大损失或者人身伤亡的严重后果",该罪为典型的结果犯。环境污染刑事立法因而长期处于闲置状态,环境污染刑事司法裁判阙如。污染环境罪以法益理论作为刑法解释和司法适用的主线,环境法益在我国现有刑事立法和司法解释框架下,已成为污染环境罪的独立法益,该罪的犯罪形态也随之发生变化。依照现行《刑法》第 338 条规定,污染环境罪的成立包含如下客观构成要素:一是前置性条件"违反国家规定";二是有污染环境的行为——排放、倾倒或者处置有放射性的废物、含传染病病原体的废物、有毒物质或者其他有害物质的行为;三是污染环境行为达

---

① 王社坤、胡玲玲:"环境污染犯罪司法解释中抽象危险犯条款之批判",载《南京工业大学学报》(社会科学版)2016 年第 15 卷第 6 期,第 13 页。
② 王社坤、胡玲玲:"环境污染犯罪司法解释中抽象危险犯条款之批判",载《南京工业大学学报》(社会科学版)2016 年第 15 卷第 6 期,第 13 页。

到"严重"程度即出现"严重污染环境"的实害或者危险。如前所述,明确污染环境罪的犯罪形态,要实现对"严重污染环境"客观构成要件的层次性梳理,按照法益侵害的类型将2016年《环境污染解释》第1条"严重污染环境"的18种情形予以具体分类。

危险犯的设置是污染环境罪犯罪形态中的难点问题。环境刑法发达国家多在环境犯罪中规定危险犯,如《德国刑法典》第325条第1款、第326条第1款、第327条第1款等。张明楷教授认为,"法益是指根据宪法的基本原则,由法所保护的、客观上可能受到侵害或者威胁的人的生活利益","只有人的利益才值得刑法保护"。① 传统的危险犯体现为对人的危险,在污染环境罪中,随着环境法益成为独立保护的法益,危险犯不仅包含对人的危险,也包含对环境的危险。《德国刑法典》即突破了传统对人的危险,而规定了对环境的危险。第326条第1款"未经许可处理垃圾罪"的构成要件为"未经许可在规划范围以外或背离规定的或许可的程序,存放、储存、排放或去除依其性质、特点或数量足以持久地污染水域、空气或土壤,或对此作其他不利改变的或危害动物、植物生存的垃圾"。该条款将对水域、空气或土壤等环境造成危险作为成立条件。危险犯的设置可以将法益保护提前,在出现污染环境的定型化行为之时,便可推定存在污染环境的危险。在当前严峻的环境污染形势下,我国顺应各国环境污染刑法的发展趋势,在污染环境罪中规定危险犯是必要的,但危险犯仍应以具体危险犯为主,抽象危险犯应限制适用而且必须明确适用边界。污染环境罪的司法适用,多数案件要结合具体案件事实,对危害行为的性质和后果进行多方考量,作出罪与非罪的判断。

此外,就如何理解污染环境行为,理论与司法实践也存在诸多争议。如对"处置"行为的理解,非法运输固体废物3吨以上是否成立污染环境罪?这里的"处置"应作限缩解释,要将危险废物处置于外部环境之中,对外部环境作出不利性改变,而不应包括非法运输危险废物的行为。

第五节　污染环境罪之罪过形态

污染环境罪罪过形态之判断,关系到该罪能否成立共同犯罪和共犯的处罚范围。罪过形态有故意与过失之分,我国污染环境罪的刑事立法和司法解释均未明

---

① 张明楷:《刑法学(上)》,法律出版社2016年版,第63页。

确规定该罪的罪过形态，由此造成了学术理论的争议和司法裁判的标准不一。

一、罪过形态之理论争议

我国学界针对污染环境罪之罪过形态，主要形成如下观点：故意说认为，《刑法修正案（八）》实施后，该罪的主观方面由过失改变为故意，但不要求行为人对污染环境的具体结果有确定的认识，只要行为人明知自己的行为可能发生污染环境的结果，并且希望或者放任这种结果发生的，即成立本罪的故意。① 过失说认为，该罪的罪过形态仍为过失，是主体实施严重环境污染的危害行为，致使造成公私财产重大损失或人身伤亡的严重后果的心理状态。② 过失说是对"重大环境污染事故罪"罪过形态的沿袭，是我国刑法理论中的传统通说。复杂罪过说认为，故意与过失均可以成为本罪构成要件的主观要素③。模糊说认为，不论行为人是故意抑或过失，也不论行为人对可能造成严重污染环境的后果持希望、放任或是不希望的态度，只要行为人对于可能造成严重污染环境的结果具有预见可能性即可④。该说强调行为人行为对结果的发生而言，至少要有过失存在。双重罪过说与模糊说之间具有一致之处。

二、刑事司法裁判之认定不一

在污染环境罪刑事司法裁判中，多数一审刑事判决并未明确说明污染环境罪的罪过形态，更加缺乏对所持观点具体理由的阐释。部分判决明确指出污染环境罪成立故意犯罪。如在张某甲、李某等污染环境罪二审刑事判决书中载明，"本院认为，污染环境罪是故意犯罪。首先，《刑法》第 338 条关于污染环境罪的规定，排放、倾倒、处置均为故意行为，且无任何揭示过失犯罪的表述。其次，《刑法》第 25 条第 1 款规定共同犯罪是指 2 人以上共同故意犯罪。《环境污染解释》第 7 条规定了污染环境罪的共同犯罪情形。故污染环境罪系故意犯罪，否则不能构成共同犯罪。再次，实践中该类犯罪的行为人对其非法排放、倾倒、处置危险废物会导致严重环境污染的后果具有预见性"。⑤

---

① 张明楷：《刑法学（下）》，法律出版社 2016 年版，第 1131 页。
② 赵红艳：《环境犯罪定罪分析与思考》，人民出版社 2013 年版，第 99 页；高铭暄、马克昌主编：《刑法学》，北京大学出版社、高等教育出版社 2016 年版，第 582 页。
③ 秦鹏、李国庆："论污染环境罪主观面的修正构成解释和适用——兼评 2013'两高'对污染环境罪的司法解释"，载《重庆大学学报》（社会科学版）2016 年第 22 卷第 2 期，第 153 页；喻海松："污染环境罪若干争议问题之厘清"，载《法律适用》2017 年第 32 卷第 23 期，第 76 页。
④ 傅学良：《刑法一体化视野中的环境刑法研究》，中国政法大学出版社 2015 年版，第 145 页；陈洪兵："解释论视野下的污染环境罪"，载《政治与法律》2015 年第 34 卷第 7 期，第 32 页。
⑤ （2015）镇环刑终字第 00002 号。

部分判决肯认了污染环境罪存在过失犯罪的情况。如在隆某污染环境罪二审刑事裁定书中载明,"上诉人隆某在经营生产中排放未经处理的含重金属锌超标的废水,其主观上虽不存在故意,也并不希望损害后果发生,但其认为其排放含重金属锌超标的废水的行为不会造成严重污染环境的后果而为之,其主观上属于过失,过失犯罪依法应当承担刑事责任"。① 林某、易某污染环境罪一审刑事判决书中载明,"本院认为,污染环境罪的主观罪过因素一般认为属于过失,但这种过失是指行为人对造成环境污染,致使公私财产遭受重大损失或人身伤亡严重后果的心理态度而言。至于行为人违反国家规定排放危险废物的行为本身属于直接故意,这点没有争议。"② 刘某、梁某污染环境二审刑事裁定书中载明,"本院认为,上诉人明知涉案物品属于国家禁止非法处置的危害废物,也知道同案其他人员没有危害废物处置资质的前提下,仍联系各方进行非法处置,对造成环境污染的后果存在过失,依法应当承担相应责任"。③

上述刑事裁判文书在污染环境罪是故意犯罪、过失犯罪,或者既可由故意构成又可由过失构成的问题上存在不同的认定,并未形成一致的认识。

三、污染环境罪罪过形态之明确

我国刑事立法没有明确污染环境罪之罪过形态,司法解释在污染环境罪过形态上采纳的是"双重罪过说"。理由如下。

第一,故意是我国污染环境罪之罪过形态。《刑法修正案(八)》在污染环境罪构成要件中使用"严重污染环境"一词,2016年《环境污染解释》对何谓"严重污染环境"加以解析:"严重污染环境"中的"严重",就性质而言,不仅可以理解为一种结果,也可以理解为一种危险,甚或是对行为性质和行为程度的限定。污染环境罪的罪过形态应为行为人对"严重污染环境"之实害、危险抑或行为是否能够认识,对"严重污染环境"之实害、危险抑或行为持有希望、放任或者排斥的态度。上述司法解释第1条第1~5项的罪过形态便更多体现为行为人对"严重污染环境"的故意。如2016年《环境污染解释》第1条第5项,"通过暗管、渗井、渗坑、裂隙、溶洞、灌注等逃避监管的方式排放、倾倒、处置有放射性的废物、含传染病病原体的废物、有毒物质的",排污者对排放、倾倒、处置行为侵害环境法益基本持有故意的主观心

---

① (2016)粤01刑终299号。
② (2014)温苍刑初字第658号。
③ (2018)鲁05刑终41号。

态，传统的过失说显然很难成立。

第二，污染环境罪之罪过形态不应仅限于故意。换言之，如若排污者过失实施排放、倾倒、处置有害物质行为，严重污染环境的，也可成立犯罪。2016年《环境污染解释》第1条第9项"违法所得或者致使公私财产损失30万元以上"、第10项"造成生态环境严重损害"、第11项"致使乡镇以上集中式饮用水水源取水中断12小时以上的"等规定为结果犯，上述结果犯情形下行为人的罪过形态便可由过失构成，否则在排污行为无法成立"重大责任事故罪"或"过失以危险方法危害公共安全罪"等罪名时便会造成对过失"严重污环境"行为的处罚漏洞，违背了立法机关修法的初衷。

双重罪过说在理论上主要受到以下质疑，现针对质疑作出如下回应。

其一，故意犯罪与过失犯罪之间有着不可也不应逾越的鸿沟，在同一刑法条文中规定故意与过失犯罪有违刑法理论与立法惯例。① 在污染环境罪中，并非一个犯罪事实既可以成立故意犯罪也可成立过失犯罪，而是不排斥污染环境罪中过失犯罪的成立。类似的争议还体现于《刑法》第129条"丢失枪支不报罪"中。

其二，污染环境罪的罪过形态是过失还是故意，仍不确定，故意与过失之间是并列关系还是选择关系值得追问。② 污染环境罪的犯罪形态较为复杂，行为者在实施不同的污染环境行为时往往持有不同的主观心理态度。在刑法适用中，故意与过失之间的选择，应优先考虑是否成立故意犯罪，故意犯罪难以成立，并出现了危害社会之结果时，可判断其是否成立过失犯罪。

其三，有学者认为，故意与过失存在于同一条文中，适用同一法定刑，不符合罪刑相适应之基本原则，不能体现刑罚的公平性。③ 然而，污染环境罪的成立条件和法定刑的设置之间不应本末倒置，对该罪罪过形态的理解应从刑事立法关于污染环境罪的成立条件出发。同时，过失污染环境行为只有在引起"严重污染环境"的结果时才能入罪，如2016年《环境污染解释》第8项至第17项的情形极为如此，这实质上也体现了刑事立法和司法解释在污染环境罪犯罪成立上对故意犯罪的规定要严厉于过失犯罪。

其四，我国《刑法》第15条第2款规定，"过失犯罪，法律有规定的才负

---

① 汪维才：《污染环境罪主客观要件问题研究——以《中华人民共和国刑法修正案（八）》为视角》，载《法学杂志》2011年第32卷第8期，第71页。
② 苏永生：《污染环境罪的罪过形式研究——兼论罪过形式的判断基准及区分故意与过失的例外》，载《法商研究》2016年第32卷第2期，第117页。
③ 高峰：《污染环境罪法律适用困境之破解》，载《人民检察》2014年第21卷第7期，第66页。

刑事责任"。我国《刑法》第 338 条污染环境罪缺乏过失犯罪的表述，处罚过失犯罪有违罪刑法定原则。① 这可谓是对双重罪过说最为有力的质疑。按照张明楷教授"将某种犯罪确定为过失犯罪的法定标准，是法律有文理规定"② 的理解，污染环境罪的表述中不存在过失犯罪的"文理规定"，因而只能由故意构成。

我国污染环境罪罪过形态的刑法解释的确要面临如何突破《刑法》第 15 条第 2 款的问题，刑法理论和司法适用中的争议根源在于我国污染环境罪立法技术的不足，随着污染环境罪保护法益的嬗变，传统理论对污染环境罪罪过形态之理解必将发生改变。从立法论层面，污染环境罪可以由过失构成并不存在太多的理论障碍。正如学者所言，"今后污染环境罪主观要件研究应从解释论和立法论两个维度展开"。③ 我国刑法在今后的修订中应参照《德国刑法典》④或者日本《关于危害人体健康的公害犯罪制裁法》（《公害罪法》）⑤ 之规定，将污染环境罪的故意、过失加以区分，在故意条款之后规定独立的过失条款，并分别对其规定不同的法定刑。

随着社会风险的加剧，在环境犯罪等公害领域是否引入严格责任，引发刑法学界的争论。⑥ 学术分歧很大程度源自学者们对严格责任的不同理解。严格

---

① 栗相恩："污染环境罪法益与罪过形式探析"，载《人民检察》2012 年第 19 卷第 9 期，第 54~56 页。
② 张明楷："罪过形式的确定——刑法第 15 条第 2 款'法律有规定'的含义"，载《法学研究》2006 年第 41 卷第 3 期，第 98 页。
③ 晋海、陈宇宇："污染环境罪主观要件研究：综述与展望"，载《河海大学学报》（哲学社会科学版）2018 年第 20 卷第 6 期，第 69 页。
④ 德国 1998 年《刑法典》第 324 条第 1 款规定："未经许可污染水域或对其品质作不利改变的，处 5 年以下自由刑或罚金"；第 3 款规定："过失犯本罪的，处 3 年以下自由刑或罚金"。此外，《德国刑法典》对土地污染罪，空气污染罪，未经允许处理核燃料、其他危险物质与物品罪，招致噪音、震动以及非游离辐射罪，危害环境之废弃物清理罪，不法营运设施罪和危害保护区罪针对故意与过失均设置不同的法定刑。
⑤ 日本《公害罪法》第 2 条、第 3 条亦针对故意与过失分别作出规定：由于工厂或企业业务活动而排放有害于人体健康的物质，包括那些栖息在人体内积累或其他作用会危害人体健康的物质并对公众的生命和健康造成危害的，处以故意犯为 5 年以下惩役或 300 万元以下罚款，故意致人死伤的为 7 年以下惩役或 500 万元以下罚款；过失犯为 3 年以下惩役或监禁或为 200 万元以下的罚款，过失致人死伤的为 5 年以下惩役或监禁或为 300 万元以下的罚款。
⑥ 部分学者主张在污染环境罪中应规定严格责任。贾学胜："美国对环境犯罪的刑法规制及其启示"，载《暨南学报》（社会科学版）2014 年第 36 卷第 4 期，第 68 页；部分学者主张污染环境罪不宜引入严格责任。参见姜文秀："污染环境罪认定中的严格责任适用问题"，载《人民检察》2016 年第 23 卷第 7 期，第 66 页；张勇："整体环保观念下污染环境罪的理解与适用"，载《新疆社会科学》2011 年第 31 卷第 6 期，第 93 页。

责任一词来源于民法,与民法领域无错误责任和过错推定责任相对,刑法理论界有绝对严格责任与相对严格责任的观点。严格责任在 19 世纪被引入英美刑法,是指"不要求蓄意、轻率、甚或疏忽过失作为犯罪行为的一个或多个要素的犯罪,这种犯罪有时亦被称为绝对禁止的罪"。① 严格责任之下,行为人即使缺乏主观罪过,也可能被追究刑事责任,英美刑法中严格责任的本义是绝对严格责任。我国传统刑法理论奉行无过错即无责任,刑法第 14 条与第 15 条分别规定了故意犯罪与过失犯罪,第 16 条规定意外事件不负刑事责任,绝对严格责任与我国刑法的罪过责任原则相背离。

相对严格责任并非不要求被告人有故意或者过失,而是一旦被告人被证明实施了法律禁止的行为,就负有证明自己主观上没有过错,或者已经尽全力注意和避免的责任,否则要承担于己不利的法律后果。换言之,相对严格责任免除了检察官在被告人主观心态上的证明责任。有学者认为,严格责任并不意味着绝对责任,实行严格责任的犯罪,除了部分行为要素不须证明主观过错外,其他客观要素仍需证明行为人有犯罪心态。在污染环境罪中,"严重污染环境"即为不须证明主观过错的行为要素,因而主张将部分环境犯罪认定为严格责任。②

相对严格责任降低了控诉方对被告人主观罪过的证明责任,有利于犯罪的追诉,但是我国污染环境罪的刑事惩治不宜适用相对严格责任。一方面,相对严格责任与英美法系国家中原本的严格责任概念不相符合,已经不再是严格意义的严格责任。另一方面,我国《刑事诉讼法》第 51 条规定由人民检察院承担证明被告人有罪的责任。在法律规定的特定情形下,如巨额财产来源不明罪,非法持有毒品罪,非法持有绝密、机密文件罪等部分待证事实实行证明责任倒置,由被告人承担证明责任。我国《刑法》第 338 条污染环境罪没有规定证明责任倒置,"从解释论的角度来看,在刑法没有作出特别规定的情况下,适用相对严格责任当然会违背刑事诉讼法举证责任的一般原则和无罪推定原则"。③ 2019

---

① 转引自储槐植、汪永乐:"再论我国刑法中犯罪概念的定量因素",载《法学研究》2000 年第 35 卷第 2 期,第 39 页。

② 贾学胜:"美国对环境犯罪的刑法规制及其启示",载《暨南学报》(社会科学版)2014 年第 36 卷第 4 期,第 68 页。

③ 姜文秀:"污染环境罪认定中的严格责任适用问题",载《人民检察》2016 年第 23 卷第 7 期,第 66 页。

年《环境污染会议纪要》规定主观故意的推定规则①,但这并不意味着由此确立了污染环境罪的严格责任,而是规定在有客观事实存在的情况下,可以推定行为人有罪。

第六节 污染环境罪之共同犯罪

一、污染环境罪共同犯罪之疑难

关于污染环境罪能否成立共同犯罪,污染环境共同犯罪的成立与该罪的罪过形态直接相连。《刑法修正案(八)》实施之前,通说认为"重大环境污染事故罪"的罪过形态为过失,司法适用中不作共同犯罪认定,共同污染者只能按照各自所犯的罪分别处罚。《刑法修正案(八)》实施之后,如若认定污染环境罪的罪过形态包含故意,则在现有共同犯罪法律框架下,可以成立污染环境罪的共同犯罪。2013年《环境污染解释》第7条肯定了污染环境共同犯罪,2016年《环境污染解释》进一步予以重申。随着环境污染执法政策由宽松走向零容忍,我国污染环境刑事司法裁决数量不断攀升,其中共同犯罪案件在污染环境犯罪中占有相当高的比例。污染环境罪能否成立共同犯罪的争议已经基本平息。

犯罪参与者的处罚范围如何确定以及对共同犯罪者如何量刑是污染环境共同犯罪需要解决的核心问题。我国污染环境罪的罪责主体主要包含:一是污染企业、作坊的生产经营者;二是受雇于污染企业、作坊的员工,包括受雇管理者,技术指导者,有毒有害物质的直接排放、倾倒、处置者,污染企业中从事生产加工的工人,以及为有毒有害物质提供运输服务者等;三是生产经营场地、

---

① 2019年《环境污染会议纪要》第3条主观过错的认定规定:具有下列情形之一,犯罪嫌疑人、被告人不能作出合理解释的,可以认定其故意实施环境污染犯罪,但有证据证明确系不知情的除外:(1)企业没有依法通过环境影响评价,或者未依法取得排污许可证,排放污染物,或者已经通过环境影响评价并且防治污染设施验收合格后,擅自更改工艺流程、原辅材料,导致产生新的污染物质的;(2)不使用验收合格的防治污染设施或者不按规范要求使用的;(3)防治污染设施发生故障,发现后不及时排除,继续生产放任污染物排放的;(4)生态环境部门责令限制生产、停产整治或者予以行政处罚后,继续生产放任污染物排放的;(5)将危险废物委托第三方处置,没有尽到查验经营许可的义务,或者委托处置费用明显低于市场价格或者处置成本的;(6)通过暗管、渗井、渗坑、裂隙、溶洞、灌注等逃避监管的方式排放污染物的;(7)通过篡改、伪造监测数据的方式排放污染物的;(8)其他足以认定的情形。

设备的出租者。① 然而，我国刑法理论对污染环境共同犯罪的关注较少，各地司法裁决在上述问题的处理上存在较大差异。

案例1：杜一X（另案处理）于2014年5月以存放车辆为由租赁天津市静海县双塘镇老橡胶厂，并在院内铺设通向厂外水沟的暗管。后雇佣被告人刘某某、范某某为其开车运输，雇佣被告人杜某某做门卫，负责为进出车辆开关厂门。被告人刘某某、范某某受杜一X指使驾驶罐车运送废酸，准备通过暗管向外排放时被抓获。一审判决认定，被告人杜某某明知他人排放危险废物而提供帮助，其行为亦构成污染环境罪。②

案例2：被告人万某均明知被告人胡某勇运输货物填土，仍居间介绍被告人李某祥与胡某勇认识，由胡某勇以每吨65元至70元的垃圾处理价格，使用船只，将李某祥经营的位于东莞市某镇某村工业垃圾临时中转场洗水场内废弃物运输到中山市某镇某码头交给被告人苏某新填埋在该处工地，并支付给苏某新人民币8000元好处费。2016年8月23日，被告人胡某勇再次使用船只从被告人李某祥处运输一批废弃物准备交给被告人苏某新填埋处理时，经群众举报后被公安机关查获。③ 就共同犯罪而言，本案在万某均是否成立犯罪，李某祥是成立主犯抑或从犯上存在争议。

案例3：被告人刘某、陈某与李某在没有获得危险废物经营许可证情形下，商议合伙私建作坊，拆解熔化废旧电瓶、电池等危险废物提炼铅块出售获利，租赁某区某镇某村东的原王庄铁厂厂房用于开设炼铅厂。被告人冷某明知上述情形，仍在被告人刘某的雇佣下，帮助其建设炼铅厂并帮忙雇佣工人具体负责日常生产。2015年9月10日至9月19日，该炼铅厂非法处置废旧电瓶、电池等危险废物300余吨，提炼铅200余吨，严重污染环境。被告人张某甲明知上述情形，仍将其经营的废品收购站所收购的废旧电瓶多次销售给被告人刘某与李某，共计60余吨，价值50余万元。④

案例4：被告人陈某甲在未经工商、环保等部门许可的情况下，擅自在永嘉县黄田街道黄浦村繁荣西街××号被告人李某家的简易棚内开办电镀作坊，进行非法电镀加工，并将未经处理的生产废水直接排入环境。被告人李某在明知被告人陈某甲进行非法电镀加工污染环境的情况下，仍为其提供场地和

---

① 马聪："我国污染环境罪刑法适用实证研究"，载《东岳论丛》2017年第38卷第5期，第87页。
② （2015）静刑初字第68号。
③ （2017）粤2071刑初1292号。
④ （2016）鲁0404刑初24号。

帮助。①

我国 2014 年刑事一审判决中，有 12 份追究场地出租者的刑事责任。② 刑事司法实践对污染环境罪的罪责主体包含污染企业经营者、生产管理者、技术指导者方面基本不存争议，而对受雇污染企业的一般劳动者以及生产经营场地、设备的提供者是否入罪，各地司法裁判则明显不一，法官主观随意性较强，体现了污染环境罪在刑法理论与适用中的迷茫。我国 "零容忍" 环境执法政策之下，极易将污染企业的一般员工在缺乏理性分析基础上贸然入罪，造成刑罚处罚范围的扩张。

二、共犯的处罚根据之引入

污染环境罪能够成立共同犯罪。我国污染环境罪之罪过形态包含故意，如若两人以上共同故意实施污染行为，严重污染环境的，则能够成立共同犯罪，污染环境共同犯罪的成立，有助于刑事司法适用中准确认定罪责主体的范围，并通过主犯与从犯区分，实现共同犯罪行为人之间的刑事责任分担。但如若两人以上共同过失实施污染行为，严重污染环境的，在我国目前共同犯罪法律框架下，则应当按照行为人各自所犯的罪分别处罚。共同犯罪是污染环境罪刑法适用中极为困窘的领域，正犯与共犯的区分能够为污染环境罪共同犯罪者的定罪与量刑提供一种解决思路。本书将对前述疑难按照如下思路加以厘清。

共犯的处罚根据论是正犯与共犯的区分、正犯与共犯的关系、共犯的本质等问题的理论基础，是共犯论体系的基石。学界针对共犯的处罚根据，主要形成责任共犯论、不法共犯论与因果共犯论三种学说，日本刑法目前占据通说地位的是因果共犯论。③ 因果共犯论，也称为惹起说（Verursachungstheorie），认为共犯的处罚根据在于，共犯通过正犯的行为，引起法益侵害或者构成要件的该当事实。④ 因果共犯论成为共犯处罚根据的主流观点。因果共犯论内部有纯粹惹起说（reine Verursachungstheorie）、修正惹起说（modifizierte Verursachungstheorie）与混合惹起说（gemischte Verursachungstheorie）⑤。本书在共犯的处罚依据上，主张折中的惹起说，即共犯的不法是由法益侵害这种独立、固有的要素和从正

---

① （2014）温永刑初字第 1324 号。
② 马聪："我国污染环境罪刑法适用实证研究"，载《东岳论丛》2017 年第 38 卷第 5 期，第 87 页。
③ [日] 西田典之：《共犯理论的展开》，江溯、李世阳译，中国法制出版社 2017 年版，第 20 页。
④ 陈家林：《共同正犯研究》，武汉大学出版社 2004 年版，第 47 页。
⑤ [日] 高桥则夫：《共犯体系和共犯理论》，冯军、毛乃纯译，中国人民大学出版社 2010 年版，第 114 页。

犯行为中推导出的从属性要素混合构成。①

在污染环境的共同犯罪认定中，体现在：其一，要看正犯行为是否成立不法。折中惹起说认为共犯的不法从属于正犯的不法，虽然肯定"无共犯之正犯"，但是否定"无正犯之共犯"。依照共犯从属性，帮助行为的成立要求正犯已经着手实施实行行为，在正犯尚未着手实行时，帮助犯是无法成立的；而且依照限制从属性之观点，共犯成立要求正犯实施的是符合构成要件的违法行为。因而认为，在污染环境罪中，帮助犯、教唆犯只有在正犯（具体污染行为实施者）的行为已经成立不法时，共犯才能成立不法，在确定共犯不法成立后，再进而确定共同犯罪者是否承担责任以及责任程度。

其二，共犯的成立要衡量共犯行为是否独立侵害了法益。我国刑事司法裁判在一般雇员、生产经营场地出租者或设备提供者等是否入罪问题上往往争议较大。在上述案例1中，被告人杜某某在共同犯罪中从事门卫工作，负责为过往的车辆开关大门，案例4中被告人李某仅仅实施了租赁场地、设备提供行为，一审判决均对其加以入罪化。有学者认为，在行为人甲明知他人乙未购置污水处理设备，而将厂房及设备转租乙使用并获利时，只能将严重污染环境的结果归属于乙的行为。② 帮助犯的成立要求行为人实施帮助行为，对于已经产生犯罪决意的他人给予援助，从而提高了法益侵害发生的风险。当帮助行为对污染环境罪的保护法益不存在独立侵害或者帮助行为的危险量与因果参与程度未达到帮助犯的要求时，应将其排除于共同犯罪的处罚范围。因而，污染环境罪中，从事普通生产作业而未参与排污的雇员以及场地出租者、设备提供者一般不宜认定为共犯。

三、正犯与共犯之区分

刑事判决在污染环境罪责主体认定上的迷茫，与我国刑事司法缺乏正犯观念相关。我国刑法虽不存在正犯这一核心概念，但刑法分则法定的构成要件实则为正犯之规定。污染环境罪在定罪阶段，应以正犯为中心，认定教唆犯与帮助犯，解决共犯的处罚范围问题；而在量刑阶段，进而作主犯与从犯的区分。双层区分评价体系下，以正犯为中心来认定共犯的成立，发挥刑法分则构成要件对刑法总则的制约作用，贯彻了宽严相济的刑事政策，实现了刑法保障人权

---

① ［日］高桥则夫：《共犯体系和共犯理论》，冯军、毛乃纯译，中国人民大学出版社2010年版，第126页。

② 学者的理由在于：既然乙租用甲的厂房与设备，乙就必须遵守法律规定；乙违法排放污水造成结果的，必须承担责任。即便甲明知乙未购置污水处理设备，也不承担共犯的责任。张明楷：《刑法学（下）》，法律出版社2016年版，第1130页。

的价值理念。正犯与共犯之区分在污染环境罪中如何具体适用？

依照我国《刑法》第338条之规定，污染环境共同犯罪中，具体排污者因为违反国家规定，实施了排放、倾倒或者处置有害物质的构成要件实行行为，因而在符合故意或过失的主观构成要件要素时，在正犯与共犯之认定中，应成立正犯。然而，正犯与共犯的区分存在于不法领域，当直接排污者符合责任阻却事由时，也能否定犯罪的成立。案例1中，被告人刘某某和范某某驾驶罐车运送废酸，并将废酸通过暗管向外排放，实行了污染环境罪的实行行为，成立污染环境罪的共同正犯。在案例2中，被告人苏某新实施了废弃物填埋处理的污染环境罪的实行行为，成立直接正犯。

本书主张狭义的共犯概念，认为共犯包含组织犯、教唆犯与帮助犯。案例2中，被告人李某祥是涉案废物的提供者，我国刑事司法解释对此明确加以规定，司法实务将危险废物的提供者认定为共同犯罪的主体，追究其刑事责任是没有疑问的。然而，2016年《环境污染解释》第7条仅规定将其"以污染环境罪的共同犯罪论处"，并未对其定罪与量刑作出具体规定。司法实践中多将危险废物提供者认定为主犯，并且在处罚上普遍重于实行犯的做法存在不妥。在废物提供者引起了直接排污者（正犯）的犯意，促使其实施了污染环境罪的实行行为时，应成立教唆犯，教唆犯按照其在共同犯罪中所处的地位或者发挥的作用，认定为主犯抑或从犯。被告人胡某勇作为涉案废物处置的中间人和废物运输者，在促使正犯实施实行行为时，成立教唆犯；在对污染环境罪的成立起到促进作用时，成立帮助犯。被告人万某均明知被告人胡某勇运输货物填土，仍居间介绍被告人李某祥与胡某勇认识，促进了双方之间协议的达成，成立污染环境罪的帮助犯。案例3中，行为人刘某、陈某与李某没有获取危险废物经营许可证，便商议合伙私建作坊，拆解熔化废旧电瓶、电池等危险废物提炼铅块出售获利，在没有直接实施污染环境罪的实行行为时，应认定为组织犯；被告人冷某明知上述情形，仍在被告人刘某的雇佣下，帮助其建设炼铅厂并帮忙雇佣工人具体负责日常生产，作为炼铅厂的管理者，在直接实施排污行为时，成立正犯。

我国刑法理论与司法实务在明确污染环境共同犯罪的处罚范围之后，还要进而解决共同犯罪者的刑罚裁量问题。污染环境共同犯罪中，在犯罪参与类型认定基础上，应正视分工分类与作用分类的关系，通过主犯和从犯的区分解决量刑问题。如案例4中的陈某甲，作为企业的生产经营者，在未经工商、环保等部门许可的情况下，擅自开办电镀作坊，进行非法电镀加工，并将未经处理的生产废水直接排入环境时，成立正犯，进而承担主犯的刑事责任。如若生产经营者并未直接实施排污行为时，如案例3中的被告人刘某、陈某与李某，在成立组织犯的同时，也应认定为主犯。在双层区分评价体系下，受雇的具体排污者，在正犯与共犯的区分中成立正犯，进而在主犯与从犯的区分中，如果在共同犯罪中起主要作用，成立主犯；如果在共同犯罪中起次要作用，则成立从犯。如在李某甲、李某乙、陈某涉嫌污染环境罪一案中，上述3人明知电镀生产的有害废水直接排放会污染环境，仍将电镀生产过程中产生的有害废水直接非法排放，成立正犯，但因为受雇佣从事非法电镀工作，在共同犯罪中起次要作用，应认定为从犯。①

企业生产经营者虽可能不直接实施排污行为，但作为幕后者基于自身目的，利用其优势地位，通过他人行为来实现对犯罪过程的支配，可理解为对间接正犯的一种延伸；而一般受雇劳动者、场地出租与设备提供者是否入罪，则涉及帮助犯与中立帮助行为的区分，帮助犯虽未直接引起法益侵害，但其帮助行为客观上促进了构成要件的实现，间接侵害了法益，而中立帮助行为，虽对犯罪起到促进作用，但如若行为本身的危险量或因果参与程度未达到帮助犯所应受处罚的程度，则应从帮助犯中予以排除。污染环境犯罪中从事一般生产作业的雇员和场地出租、设备提供者不宜认定为共犯，而对于具体排污者则应结合其对犯罪事实的支配程度等作综合判断。

第七节　污染环境罪之单位犯罪

一、污染环境罪单位犯罪惩治之软弱

我国刑法中的犯罪主体包括自然人和单位。《刑法》第338条规定污染环境罪，《刑法》第346条规定，"单位犯本节第338条至第345条规定之罪的，对单位判处罚金，并对其直接负责的主管人员和其他直接责任人员，依照本节各该条的规定处罚。"据此，单位可以成为污染环境罪的犯罪主体。2014年我国刑事司法裁判在成立污染环境单位犯罪上却采取较为放任的态度，单位犯罪案件仅占样本总数的5.9%，大型企业成为罪责主体的情况更是寥寥无几。污染环境罪在面对大型工业企业时的软弱，也是该罪广受诟病的重要原因。环境污染刑事司法背后固然体现的是国家在经济发展与环境利益矛盾冲突时的路径选择，环境犯罪案件是否移送司法程序极易演变成地方政治、经济与社会利益

---

① （2014）浙温刑终字第538号。

博弈的结果，但我国单位犯罪制度在惩治污染环境罪时的弊端无疑也是促成这种局面的重要原因。

《刑法》第 30 条规定，公司、企业、事业单位、机关、团体实施危害社会的行为，法律规定为单位犯罪的，应当负刑事责任。有学者认为，我国《刑法》第 30 条之表述未揭示出单位犯罪与自然人犯罪之间的本质区别，因而，不是单位犯罪的法定概念。① 刑法理论通说认为，单位犯罪只有满足"经单位决策机构按照单位决策程序决定"的条件，即体现为单位意志才能成立，而在污染环境犯罪中，这种"直接主动控制"的传统理论显然不利于环境污染企业刑事责任的追究，② 而法官在认定工业企业实施的污染环境行为是否能够成立单位犯罪问题上，裁量之间也有较大差异。2019 年《环境污染会议纪要》第 1 条将单位犯罪的处罚范围加以扩大。③ 会议纪要并非刑事立法，也不是司法解释，法律效力亟须加强。

二、污染环境罪单位犯罪责任之追究

较之自然人犯罪，污染环境单位犯罪对环境法益，生命、健康、财产等人类法益以及国家环境管理秩序法益会造成更为严重的侵害，然而刑事司法裁判表明，个体经营者或者小微企业是我国污染环境罪的主要犯罪主体，污染环境单位犯罪的刑事惩治明显不力。在司法实践中，不乏环境污染企业的员工作为具体实施者将污染物交付给无资质机构处理或者自行实施排放、倾倒、处置有害物质行为，严重污染环境的案件，依照我国传统刑法理论要求，成立单位犯罪必须要有"单位意志"，而此类案件往往很难证明单位意志的存在。我国学者认为，单位犯罪不仅包括"单位组织体直接控制"情形，还应包括单位领导的监督不力或者由于单位体制方面的原因而使单位组成人员在业务活动过程中所引起的危害社会的行为。④ 单位监督过失或体制缺陷责任的引入，优化了污染环境罪单位犯罪的司法证明，有利于追究单位犯罪的责任。

---

① 刘志远："单位犯罪定义辨析"，载《人民检察》2003 年第 10 卷第 7 期，第 23 页。
② 王志远："环境犯罪视野下我国单位犯罪理念批判"，载《当代法学》2010 年第 24 卷第 5 期，第 76 页。
③ 2019 年《环境污染会议纪要》第 1 条规定，为了单位利益，实施污染环境行为，有下列情形之一的，应当认定为单位犯罪：（1）经单位决策机构按照决策程序决定的；（2）经单位实际控制人、主要负责人或者授权的分管负责人决定、同意的；（3）单位实际控制人、主要负责人或者授权的分管负责人得知单位成员个人实施环境污染犯罪行为，并未加以制止或者及时采取措施，而是予以追认、纵容或者默许的；（4）使用单位营业执照、合同书、公章、印鉴等对外开展活动，并调用单位车辆、船舶、生产设备、原辅材料等实施污染环境行为的。
④ 黎宏：《单位刑事责任论》，清华大学出版社 2001 年版，第 224 页。

随着对环境污染单位犯罪刑事惩治的加强，企业面临的环境污染刑事法律风险加大。为实现对污染环境单位犯罪的预防，排污企业的刑事合规计划开始受到理论界与实务界的关注。企业制定环保合规计划对于防控刑事法律风险具有重要意义。在企业已经建立刑事合规计划的情况下，刑事司法可免除或者减轻单位的刑事责任。

第八节　污染环境罪之处罚方法

自《刑法修正案（八）》出台以来，我国污染环境罪的入罪条件发生了重大变化，刑事处罚的规定却始终保持不变。刑罚的司法适用以"3 年以下有期徒刑"和"罚金"为主要方式，适用种类单一，总体较为轻缓。污染环境罪的刑罚配置和刑罚适用应能有效预防、惩治和控制污染环境犯罪，我国应积极探索污染环境罪的刑罚建构和司法适用，具体可从以下方面进行。

一、污染环境罪罚金刑之完善

污染环境犯罪往往根源于犯罪主体对经济利益的追求，囿于该罪多数为牟利型犯罪，罚金刑对犯罪的惩治和预防具有重要意义。依照我国《刑法》第 338 条的规定，污染环境罪必须处以罚金刑。环境污染刑事司法裁判显示，我国环境污染犯罪的刑事判决基本都处以了相应的罚金刑。

分析裁判文书可见，我国污染环境罪罚金刑适用的问题主要体现在以下方面。一是罚金刑的适用标准不明，缺乏准确判定的科学依据。刑事立法关于罚金刑的数额，主要有限额罚金制、无限额罚金制、比例罚金制 3 种类型。3 种类型各有利弊，各个国家在罚金刑的选择上有所不同，如《美国水清洁法》采取按日计罚，每日不超过 37 500 美元。我国刑法分则大多数罪名实行无限额罚金制。《刑法》第 52 条规定，应当根据犯罪情节确定罚金数额。第 61 条规定，量刑的基准是"犯罪事实""犯罪性质""情节""社会危害程度"。2010 年《最高人民法院关于适用财产刑若干问题的规定》确定了罚金刑适用的原则①。我国《刑法》第 338 条污染环境罪的罚金采取无限额罚金制，刑事立法并未明确罚金刑的具体适用，司法解释以及其他规范性文件也没有对罚金刑的适用标

---

① 2010 年《最高人民法院关于适用财产刑若干问题的规定》第 2 条第 1 款规定，人民法院应当根据犯罪情节，如违法所得数额、造成损失的大小等，并综合考虑犯罪分子缴纳罚金的能力，依法判处罚金。刑法没有明确规定罚金数额标准的，罚金的最低数额不能少于 1000 元。

准等作出明确规定,污染环境罪刑事裁判文书也没有对罚金刑判定的具体理由进行阐述。无限额罚金制立法能够保持刑法的稳定性,并可以灵活适用于各种犯罪情节,受到的质疑是违背了刑法的明确性原则,造成刑事司法裁判认定的随意,与罪责刑一致原则相冲突。有学者建议,污染环境罪采取限额罚金刑或者倍比罚金刑。① 然而,我国刑法中,污染环境罪是一个统合式罪名,涵盖了水体污染、大气污染、土壤污染等诸多类型,没有针对具体对象作出分立式规定,采取限额罚金制和比例罚金制会带来操作上的困难。对此,刑事立法可以根据犯罪情节(这里是指量刑情节)、行为人的支付能力等规定罚金刑适用的具体区间,由法官在区间幅度内最终确定罚金数额。

在具体数额的确定上,有学者建议,环境污染行为往往会造成严重污染环境的危害结果,这其中包含污染环境行为直接造成财产损毁、减少的实际价值,以及为防止污染扩大、消除污染而采取必要合理措施所产生的费用。因此,宜以公私财产损失额作为参数,对污染环境罪处以一定比例的罚金。② 本书认为,污染环境罪适用罚金刑时,除公私财产损失额外,还应以犯罪违法所得,涉案危险废物的性质、数量、排放地点等作为确定罚金刑数额的基本依据。在刑事立法未变更之前,可通过司法解释确定罚金刑适用的基本规则,设置罚金刑的判定标准,并规定罚金刑适用的区间,由法官在区间内确定具体的判定数额。

二是罚金刑数额普遍偏低。罚金刑是人民法院判处犯罪人向国家缴纳一定数额金钱的刑罚方法。作为一种财产刑,罚金刑的适用具有惩罚与预防的双重目的。据统计,2012—2018 年我国污染环境罪罚金刑的适用情况如下,"被判处 1 万元以下罚金的被告人在被告人总量中超过 1/4,2 万元以下的超过 50%,3 万元以下达到 71.41%,6 万元以下的则接近 90%",③ 罚金刑数额普遍偏低。对于犯罪人而言如果实施犯罪可能获得的收益高于因此而承受的不利或者风险时,刑罚适用的意义便会大为削减。如被告人罗某甲、罗某丙非法倾倒印染污泥共计 2800 余吨,致使公私财产损失为 51.80 万余元;被告人罗某乙非法倾倒印染污泥共计 1650 余吨,致使公私财产损失为 30.50 万余元,三被告人均被判处罚金 2 万元。④ 刑事判决书没有载明违法所得的数额,但是"造成损失的数

---

① 王鹏祥、孟昱舍:"论污染环境行为的刑法治理",载《中州学刊》2019 年第 41 卷第 6 期,第 66 页。

② 叶良芳:"'零容忍'政策下环境污染犯罪的司法适用",载《人民司法》2014 年第 40 卷第 18 期,第 13 页。

③ 焦艳鹏:"我国污染环境犯罪刑法惩治全景透视",载《环境保护》2019 年第 47 卷第 6 期,第 47 页。

④ (2014)绍柯刑初字第 473 号。

额"明显超出刑事判决书中判处的罚金，两万元的罚金刑对被告人发挥的犯罪预防功能可谓微乎其微。因而，在前述规定罚金刑适用区间的基础上，应结合具体情形增加罚金刑的数额。

三是罚金与生态修复之间的关系。我国现有刑事司法裁判在对被告人判处罚金的同时，还判决其承担生态环境修复责任①，或者被告人在附带民事诉讼中通过调解，主动缴纳生态修复费用。生态修复刑事责任有助于恢复生态环境的动态平衡，促进人与自然的和谐发展，具有重要意义。但该制度在理论和司法实践中还存在诸多需要厘清的问题，如生态环境修复责任的性质、生态环境修复与罚金刑、赔偿金等之间的关系等。罚金刑和生态修复责任，两者虽然在性质和功能上有所不同，但都是被告人在经济上要承受的不利后果，因而，在被告人已经承担了生态修复费用的情形下，法官对罚金刑可以予以减免。

二、污染环境罪缓刑之规范

所谓缓刑，是指对已经成立犯罪，依照刑法规定应判处刑罚处罚的行为人暂不执行刑罚的制度。依照我国《刑法》第72条规定，缓刑适用的条件为"犯罪较轻""有悔罪表现""没有再犯可能性"等。环境污染犯罪较之传统犯罪，很少造成对他人直接的人身和财产损害，而是以环境为媒介，通过累积作用，侵害环境法益，公民的人身、财产等法益和社会秩序法益。有学者认为，污染环境罪最宜适用缓刑，让罪犯自己去消除污染后果，可有效发挥刑罚功能，使社会成本最小化，有利于恢复环境。② 然而，随着自上而下的刑事司法机关对环境污染犯罪普遍采取从严打击的态度，在刑罚上严格适用环境污染犯罪的不起诉、缓刑、免予刑事处罚，③ 缓刑的适用比率将会有所下降。有研究者进而认为，"污染环境犯罪应该是原则上不适用缓刑，慎用缓刑"。④ 污染环境罪缓刑的适用应贯彻宽严相济的刑事政策，不能因应严厉打击环境污染犯罪的整体态势，而对所有案件不加区分，一味强调严厉。

各地人民法院在缓刑适用的态度上有较大差异，刑事司法可通过司法解释

---

① （2018）赣1021刑初184号。

② 郭丰利、黄昶生："论污染环境罪中的缓刑适用"，载《人民论坛》2012年第19卷第20期，第89页。

③ 2019年《环境污染会议纪要》第11条关于严格适用不起诉、缓刑、免予刑事处罚的规定。浙江省高级人民法院、浙江省人民检察院、浙江省公安厅、浙江省环境保护厅《关于办理环境污染刑事案件若干问题的会议纪要（三）》，江苏省高级人民法院《关于环境污染刑事案件的审理指南（一）》等。

④ 徐翠翠、陈勇："对污染环境罪应审慎适用缓刑"，载《人民司法》2017年第43卷第25期，第40页。

缓刑中的禁止令与《刑法》第37条之一从业禁止制度的功能都为实现犯罪预防，但两种制度之间存在区别：第一，适用时间不同。缓刑中的禁止令适用于缓刑执行期间，而从业禁止制度从刑罚执行完毕或者假释之日起开始适用。第二，适用范围不同。缓刑中的禁止令禁止范围不仅限于"从事特定活动"，也包括"进入特定区域、场所，接触特定的人"，适用范围要大于从业禁止的范围。第三，法律后果不同。违反缓刑禁止令如果不属于情节严重的，由公安机关依照《中华人民共和国治安管理处罚法》处罚，情节严重的，撤销缓刑，执行原判刑罚；如果违反从业禁止的，由公安机关依法予以处罚，情节严重的，依照《刑法》第313条拒不执行判决、裁定罪定罪量刑。

国外刑法以不同方式规定了从业禁止制度。一种是以资格刑的形式。《俄罗斯刑法典》第47条规定，剥夺担任一定职务或从事某种活动的权利。① 《意大利刑法典》第30条、第32条-2、第32条-3、第34条、第35条、第35条-2也分别规定禁止从事某一职业或技艺、暂时禁止担任法人和企业的领导职务、剥夺与公共行政部门签约的权能、剥夺父母权和停止行使父母权、停止从事某一职业或技艺、停止行使法人和企业的领导职务。② 一种是以保安处分的形式。如《德国刑法典》第61条规定刑罚和保安处分，从业禁止被规定于保安处分当中。③

从业禁止性质的厘清是解释这一制度并将其合法并正当适用于刑事司法的前提。我国刑法学界针对"从业禁止"属于刑罚、保护处分抑或非刑罚处罚措施存在争议。刑罚说认为，从业禁止是属于新的刑罚种类，并建议在刑法附加刑中增加从业禁止的种类。④ 从业禁止没有规定在《刑法》刑罚种类部分，而是规定在《刑法》第37条非刑罚性处罚措施之后，因而不可能是一种刑罚种类。目前，保安处分说为学界的主流观点，如有学者认为，"立法解读说明刑法从业禁止规定是一种对犯罪行为人未来行动所采取的预先性强制约束措施，符合保安处分的形式特征和本质内涵"。⑤ 也有观点认为，从业禁止不是作为并列于刑罚之后的数种处分类型之一，因而不是保安处分，而是我国刑法规定的

---

① [俄] Н·Ф·库兹涅佐娃、И·М·佳日科娃主编：《俄罗斯刑法教程（总论）（下卷·犯罪论）》，黄道秀译，中国法制出版社2002年版，第602页。
② 黄风：《最新意大利刑法典》，法律出版社2007年版，第15~18页。
③ 《德国刑法典》，徐久生、庄敬华译，中国方正出版社2004年版，第79页。
④ 陈丽平："附加刑中明确规定从业禁止"，载《法制日报》2014年12月18日。
⑤ 闻志强："从业禁止刑法规定的理解与适用分析"，载《北方法学》2018年第12卷第1期，第98页；张明楷：《刑法学（上）》，法律出版社2016年，第641页；李兰英、熊亚文："刑事从业禁止制度的合宪性调控"，载《法学》2018年第41卷第10期，第108页。

一种非刑罚性处置措施。① 从业禁止在刑事立法上的归属更倾向于一种非刑罚性处罚措施,我国刑法虽然没有明确规定保安处分,但实质上隐含了保安处分的类似规定。从业禁止具备保安处分的基本特征。第一,第37条之一规定从业禁止适用的根据是"犯罪情况和预防再犯罪的需要",在行为人的刑罚执行完毕后再执行,表明这一制度适用目的在于预防犯罪,即对特定犯罪人在特定领域内再次犯罪的预防,因而与保安处分相契合。第二,从业禁止着眼于行为人的人身危险性,而不是行为人的责任。保安处分的处罚依据是行为人的危险性格。两者具有一致性。

《刑法》第37条之一"从业禁止"是否适用于污染环境单位犯罪?对此,刑法学界存在一定争议。有研究者认为,从刑法规范用语、刑罚配置结构、国外刑事立法来看,从业禁止制度适用于单位犯罪。② 有研究者认为,《刑法》第37条第2款"被禁止从事相关职业的人"的表述将我国"从业禁止"的适用对象限制为自然人,单位不能成为从业禁止的适用对象。③ 环境污染企业,尤其是大型污染企业对生态环境的危害更为严重。依照《行政处罚法》规定,环境行政违法行为的处罚有罚款、停业整顿、吊销营业执照等,行政处罚不足以对环境污染犯罪发挥威慑作用。我国污染环境罪单位承担刑事责任的方式有且只有罚金。我国现有的刑罚体系不能满足预防单位犯罪的需要。单位违背职业要求的特定义务实施污染环境行为,禁止其从事特定范围的经营能够预防其再犯罪,从业禁止适用于污染环境的单位犯罪具有现实必要性。上述两种观点的分歧在于《刑法》第37条第2款"被禁止从事相关职业的人"中的"人"是否包括单位。就文义解释看,将"人"的范围解释为包括单位,的确过于牵强。我国污染环境罪应增加一定时间内禁止从事特定职业或者终身禁止从事特定行业的规定,刑事立法应将职业禁止的范围扩展到单位,在刑事立法未作出修订之前,污染环境罪的从业禁止仅适用于自然人。

四、污染环境罪生态修复之加强

党的十九大报告提出,"实施重大生态修复工程"。近年来,我国审判机关在刑事司法实践中积极开展恢复性司法,生态修复刑事判决的数量与日俱增。刑法意义上的生态修复是指刑事司法强制犯罪人采取的旨在达到恢复生态功能

---

① 于志刚:"从业禁止制度的定位与资格限制、剥夺制度的体系化——以《刑法修正案(九)》从业禁止制度的规范解读为切入点",载《法学评论》2016年第37卷第1期,第99页。
② 陈庆安:"单位适用从业禁止问题研究",载《法学》2017年第40卷第4期,第184~187页。
③ 闻志强:"从业禁止刑法规定的理解与适用分析",载《北方法学》2018年第12卷第1期,第103页。

的弥补性举措，生态修复是恢复性刑事司法最为有效的手段。①

我国刑法规定的处罚方法有刑罚处罚方法和非刑罚处罚方法。生态环境修复刑事判决的性质如何？我国刑法明确规定刑罚的种类包括主刑与附加刑，生态环境修复并非刑罚处罚方法，而属于非刑罚处罚方法。这种观点也获得多数学者认同。② 非刑罚处罚方法是指对免除刑罚处罚的犯罪人，在给予刑罚以外的实体上的处罚。③ 依照我国现行《刑法》第 37 条第 1 款规定，非刑罚处罚方法包括训诫或者责令具结悔过、赔礼道歉、赔偿损失，或者由主管部门予以行政处罚或者行政处分等。生态修复属于赔偿损失的一种，多数案件检察机关在提起附带民事公益诉讼的同时，主张被告人应承担对生态环境的修复，也有部分案件被告人在判决前主动进行生态修复或者在附带民事诉讼中通过调解方式答应进行生态修复，被告人因而获得人民法院在量刑上的酌定从轻处罚。作为环境污染刑事判决的重要种类之一，生态修复主要表现为承担修复生态环境费用④。依照 2016 年《环境污染解释》第 17 条第 5 款规定，"生态环境损害"，包括生态环境修复费用，生态环境修复期间服务功能的损失和生态环境功能永久性损害造成的损失，以及其他必要合理费用。

我国生态修复判决的完善方式主要体现在：第一，在法律上明确将生态修复作为非刑罚处罚方法加以规定。生态修复是一种民事上的不利后果，并非是一种刑罚。有学者建议对刑法第 36 条、第 37 条加以修改，⑤ 这种建议具有合理性。然而，虽然部分环境污染犯罪案件有明确的被害人，但是也有很多环境污染犯罪案件并无明确的被害人，是由检察机关代表国家提起的环境刑事附带民事公益诉讼。因而本书建议将第 36 条修改为"由于犯罪行为而使被害人或者国家遭受经济损失的，对犯罪分子除依法给予刑事处罚外，并应根据情况判处赔

---

① 蒋兰香：《生态修复的刑事判决样态研究》，载《政治与法律》2018 年第 37 卷第 5 期，第 134~135 页。

② 蒋兰香：《生态修复的刑事判决样态研究》，载《政治与法律》2018 年第 37 卷第 5 期，第 142 页；毋郁东：《恢复性司法视野下的环境刑事司法问题研究——以古田县法院'补种复绿'生态补偿机制为例》，载《福建警察学院学报》2016 年第 18 卷第 4 期，第 33 页。

③ 张明楷：《刑法学（上）》，法律出版社 2016 年版，第 635 页。

④ 在孙某 1、孙某 2 污染环境罪一审刑事判决书中，判决两位被告人连带赔偿生态环境修复费用 10.7171 万元、鉴定费 10 万元。见（2019）鲁 1602 刑初 205 号。

⑤ 有学者建议将第 36 条修改为："由于犯罪行为而使被害人遭受经济损失的，对犯罪分子除依法给予刑事处罚外，并应根据情况判处赔偿经济损失或者进行生态修复"；并将第 37 条修改为"对犯罪情节轻微不需要判处刑罚的，可以免予刑事处罚，但是可以根据案件的不同情况，予以训诫或者责令具结悔过、赔礼道歉、赔偿损失、进行生态修复，或者由主管部门给予行政处罚或行政处分"。蒋兰香：《生态修复的刑事判决样态研究》，载《政治与法律》2018 年第 37 卷第 5 期，第 145 页。

偿经济损失或者进行生态修复"。第二,厘清罚金、生态修复费用和民事赔偿之间的关系。在一些刑事判决中,被告人要同时承受罚金、生态修复费用和民事赔偿,罚金是对被告人行为给予的经济上的惩罚,带有惩罚性,生态修复费用是被告人承担的环境修复责任,而民事赔偿是被告人在被害人提起的附带民事诉讼中承担的民事责任,三者均为物质上的不利后果,对被告人而言经济负担过重。因而,在被告人能够积极承担生态修复费用情形下,如果同时证明其悔罪态度较好,人身危险性较低,对其判决的罚金刑可以予以酌减。第三,规范生态修复的具体种类。明确"承担生态修复费用""补种复绿""增殖放流""劳务补偿"等修复责任,促进环境的恢复。

  此外,我国污染环境罪的刑事处罚从刑事立法到司法适用普遍较为轻缓。污染环境罪基本的刑罚幅度为"3 年以下有期徒刑或者拘役,单处或者并处罚金";"后果特别严重的"情形下,法定刑升格为"3 年以上,7 年以下有期徒刑,并处罚金",污染环境罪的法定最高刑为 7 年。从刑事司法角度,我国污染环境罪法定刑升格为"3 年以上,7 年以下有期徒刑"的案件数量极为有限。部分"后果特别严重"的刑事案件并没有被严厉追究刑事责任。① 污染环境罪法定刑的配置与环境污染刑事政策和污染环境犯罪行为对法益的侵害性不相契合。而在其他国家,如美国对环境污染犯罪的惩处力度非常严厉,以《水污染防治法》为例,罚金的最高刑可达到 25 万美元,有期徒刑最高可达 15 年。有学者建议,我国可提高污染环境罪的法定刑,可设置三档法定刑幅度,一是 5 年以下有期徒刑或者拘役的基本法定刑;二是在造成严重危害后果时处以 5 年以上 10 年以下的有期徒刑;三是造成特别严重后果时处以 10 年以上有期徒刑。② 我国可在今后的污染环境罪立法中,区分故意犯罪和过失犯罪,并增加故意犯罪的法定刑,以实现对故意污染环境犯罪的惩罚与预防。

---

① (2018)苏 8601 刑初 153 号;(2018)湘 1003 刑初 332 号。
② 赵秉志、冯军:"论环境污染的刑法治理:理念更新与立法完善",载《法治研究》2013 年第 7 卷第 4 期,第 19 页。

第五章

污染环境罪刑事惩治之程序法进路

污染环境罪的刑事司法效果取决于刑法条文自身是否科学合理，也受制于环境行政执法对环境刑事司法的影响以及法律制度根植的司法土壤和社会环境。环境刑事实体法的有效实施，需要刑事程序法的良好运行。然而我国传统刑事诉讼在应对环境犯罪时却显现出种种无奈，刑事诉讼要经历立案、侦查、审查起诉、审判和执行等阶段，环境污染刑事案件程序的阻滞问题又源于何处？面对环境刑法在应对环境风险时的不足，环境刑事诉讼如何实现自身的觉醒以克服传统刑法固有的保守与滞后？我国传统刑事诉讼程序难以破解日益严峻的环境风险，提高环境刑事司法能力亟须刑事程序法的推进。因而我国要秉承绿色发展理念，对现有刑事诉讼程序加以改良，探索有效惩治污染环境罪的程序法进路。

第一节 环境污染刑事诉讼程序之启动

一、环境污染刑事诉讼启动程序的提出

我国学者付立忠教授在1996年首先提出环境刑事诉讼的概念，"环境刑事诉讼是指环境刑事诉讼主体在有关当事人的参与下惩治环境犯罪进行环境刑事诉讼活动的启动程序、运行程序和涉外程序的总称"。[①] 依照这一概念，环境刑事诉讼包含启动程序、运行程序和涉外程序，其中启动程序和运行程序是一般环境刑事诉讼必须经过的程序，涉外程序是环境刑事诉讼的例外程序。

[①] 付立忠："试论我国的环境刑事诉讼程序"，载《中国人民公安大学学报》1996年第12卷第3期，第39页。

环境污染刑事诉讼是因环境污染犯罪行为而提起的刑事诉讼,是环境刑事诉讼中最为重要的类型。环境污染刑事诉讼是指在环境污染犯罪中,国家专门机关在当事人和其他诉讼参与人的参加下,为保护人类和生态环境的共同利益,依照法定程序惩治环境污染犯罪,追究犯罪嫌疑人、被告人刑事责任的活动。环境污染刑事诉讼启动程序引起环境污染刑事诉讼形态的发生,是环境污染刑事诉讼的第一个阶段,直接影响或者制约环境污染刑事治理的效果。环境污染刑事启动程序主要包含立案、管辖、时效等基本问题,既具有一般刑事诉讼的共有特征,又具有环境污染刑事诉讼的特有属性。第一,启动主体的多元性。在启动程序中,公安机关具有环境污染刑事案件的立案权,但污染环境罪以"违反国家规定"为前提条件,具有行政评价的前置性,环境污染犯罪案件大多来源于环境保护部门的移送。检察机关对环境保护部门移送刑事案件和公安机关污染环境罪的立案具有法律监督权力。因而,环境污染案件在程序启动上体现了环境保护部门、公安机关和人民检察院的协同合作和相互制约。第二,启动程序的专业性。环境污染案件有较强的专业性,侦查取证需要环境学、化学、生物学、物理学等多方面的专业知识,认定污染行为是否达到入罪标准或者和污染结果之间存在因果关系需要进行专业判断和检测,增加了公安机关刑事侦查的难度。第三,涉及利益的复杂性。环境污染犯罪主体不乏相当经济实力的企业或者个人,地方政府可能会出于经济利益考虑,纵容环境违法犯罪行为,以罚代管、以罚代刑情况时有发生。环境污染刑事诉讼的启动关涉到地方政府在经济发展与环境治理之间的选择。

二、由运动式治理向常规式治理转变

(一) 运动式治理模式之开展

随着我国环境政策逐渐由宽松走向"零容忍",自上而下各级公安司法机关开展了如火如荼的环境污染犯罪专项治理。检察机关负有提起公诉、诉讼监督、提起公益诉讼的职能,是环境污染刑事治理中的关键力量。最高人民检察院在 2014 年 3 月部署开展为期 8 个月的"破坏环境资源和危害药品安全犯罪专项立案监督活动";2015 年 3 月,开始开展为期两年的"破坏环境资源专项立案监督活动"。山西省检察机关集中开展了为期 8 个月的打击破坏生态环境违法犯罪专项行动,依法严惩了一批社会影响大、人民群众反映强烈、犯罪性质恶劣的案件。[①] 2016 年环境保护部、公安部部署了环境污染整治专项行动。

---

① 邓伟强:"省检察院召开开展打击破坏生态环境犯罪违法犯罪专项行动新闻发布会",载《山西日报》2019 年 1 月 22 日。

2016年11月17日至2017年4月30日，河北省公安厅、省环保厅、省人民检察院、省高级人民法院在全省范围内联合部署开展了"2016利剑斩污"专项行动，严厉打击各类环境违法犯罪。全省公安机关共侦破环境犯罪案件528起，抓获犯罪嫌疑人1132人；查处了大批治安案件，处理违法人员3800多人。全省检察机关共受理公安机关提请审查逮捕破坏环境资源犯罪案件277件410人，批准逮捕（214件）300人；受理移送审查起诉479件852人，提起公诉398件689人，监督行政机关移送案件28件30人，查办职务犯罪案件15件23人。全省法院系统共受理环境污染刑事案件143件，判处罪犯276人。① 2017年以来，江苏省公安机关坚决贯彻落实中央和省委省政府的部署要求，全力投入污染防治攻坚战暨全省"263"环保专项行动，依法严打破坏环境资源违法犯罪，共立案侦办生态环境犯罪案件2648起，抓获犯罪嫌疑人5700人。② 环境污染犯罪专项治理增加了进入刑事审判程序的案件数量，人民法院面对不断攀升的审判压力，加大了对环境污染刑事案件资源投入与惩处的力度，并通过发布司法解释、典型案例、召开审判工作会议的方式指导刑事审判工作的进行。

（二）运动式治理模式之弊端

我国环境污染刑事治理带有明显的运动式治理模式特征，运动式治理是污染环境罪犯罪治理的重要组成部分。在国家环境风险日益严峻的形势下，运动式治理模式在短期内可以弥补国家治理能力的不足，集中主要司法资源和社会资源通过法律等正式社会控制方法高效率地严厉惩治环境污染犯罪，从而对环境污染违法者和其他社会成员起到强烈威慑作用，达到很强的治理效果。然而，运动式治理模式并非系统性、常规性的治理方式，无法取得长期而稳定的法律效果。

第一，刑事诉讼程序启动标准不一。运动式治理模式之下，相同的行为事实，在环境污染刑事专项治理期间会受到刑事追诉，启动刑事诉讼程序；但若在一般治理时期，则可能不会被追究刑事责任或者处以较轻的刑罚。刑事诉讼程序启动的标准不一，会造成对被追诉人实质上的不公平，进而损伤司法公正。

第二，治理效果的稳定性难以维持。环境污染刑事专项治理期间，环境保护部门、公安机关、人民检察院、人民法院通力合作，集中各方司法资源统一

---

① 张清华："'2016利剑斩污'侦破环境犯罪案件528起"，载《河北日报》2017年6月7日，第2版。

② 李海明："我省公安机关严打生态环境犯罪护卫碧水蓝天"，载《江苏法制报》2018年6月5日，第1版。

投入环境污染刑事治理当中,专项治理往往会取得良好的法律效果与社会效果。然而,环境污染刑事专项治理不可能一直持续,当社会治理出现其他严重社会问题时,刑事政策的制定者和刑事立法者便会将关注重点转移,刑事司法资源随之会投入到其他领域,运动式刑事治理取得的效果无法一直持续。

(三) 建立污染环境罪常规式治理方式

"所谓犯罪治理,是指人类有组织地对刑事犯罪和社会越轨行为进行打击、控制和预防的应对措施、策略与实践"。① 犯罪治理的对象不仅包含刑事犯罪行为,也包含严重的社会越轨行为。犯罪治理模式是国家在特定的社会背景下,基于特定的治理目标而采取的治理理念、制度和具体活动的基本组合方式。按照对治理对象不同的反应样态和是否具有可持续性,犯罪治理模式可分为运动式治理模式和常规式治理模式。运动式治理模式是由国家发起、社会各界广泛参与的,以法律等正式社会控制手段的大量运用为基本方式,对刑事犯罪和各种严重社会越轨行为所开展的以打击、控制、预防为内容的社会治理活动。② 常规式治理模式是以法律等正式社会控制手段为主,融合多种社会控制手段,以长效性为目的,方式更为稳定、程序更为规范、时间更为持续的常态性治理方式。我国环境污染常规式治理方式的建立依然任重而道远。目前"已经建立的区域性环境行政违法信息平台录入的案件信息简单、证据不全,难以为立案监督提供信息支持;而联席会议、查阅行政执法档案等其他立案监督手段则难以具有日常性,监督作用有限"。③ 我国对环境行政执法和刑事司法的衔接,人民检察院对环境污染刑事治理的有效监督还没有建立稳定的长效机制。

常规式治理方式的建立,首先需要完成环境污染治理理念的转变。当今中国社会,污染环境罪刑事治理的目标是通过预防、控制和惩罚环境污染犯罪,最终实现人与自然之间的和谐发展。环境伦理观正由人类中心主义走向生态中心主义。"环境污染犯罪的治理内在地要求以整个地球生态的均衡发展为目的来设计治理机制"。④ 作为整个生态系统的成员,人类的生存和发展与生态系统的协调与平衡休戚相关,经济的发展要以生态系统的平衡为基础,人类对经济

---

① 单勇、侯银萍:"中国犯罪治理模式的文化研究——运动式治罪的式微与日常性治理的兴起",载《吉林大学社会科学学报》2009年第49卷第2期,第39页。

② 单勇:"'维稳'视野下的运动式犯罪治理反思与改进",载《浙江工业大学学报》(社会科学版) 2012年第11卷第4期,第459页。

③ 侯艳芳:"中国环境资源犯罪的治理模式:当下选择与理性调适",载《法制与社会发展》2016年第22卷第5期,第175页。

④ 赵秉志、冯军:"论环境污染的刑事治理:理念更新与立法完善",载《法治研究》2013年第7卷第4期,第16页。

(一)"两法衔接"之法律依据

行政执法与刑事司法衔接是指行政执法部门在执法过程中,发现涉嫌犯罪的案件或案件线索,依法向刑事司法机关移送的一种工作机制。① 我国目前环境污染"两法衔接"的规范性文件主要有:2001 年 4 月《国务院关于整顿和规范市场经济秩序的决定》(以下简称 2001 年《国务院决定》);2001 年 7 月国务院《行政执法机关移送涉嫌犯罪案件的规定》(以下简称 2001 年国务院《规定》);2001 年 9 月最高人民检察院《人民检察院办理行政执法机关移送涉嫌犯罪案件的规定》(以下简称 2001 年《人民检察院规定》);2004 年 3 月,最高人民检察院、全国整顿和规范市场经济秩序领导小组办公室、公安部共同发布的《关于加强行政执法机关与公安机关、人民检察院工作联系的意见》(以下简称 2004 年《工作联系意见》);2011 年 2 月中共中央办公厅、国务院办公厅转发国务院法制办等部门《关于加强行政执法与刑事司法衔接工作的意见》;2013 年 12 月原环保部、公安部《关于加强环境保护与公安部门执法衔接配合工作的意见》(以下简称 2013 年《衔接意见》);2017 年原环保部、最高人民检察院、公安部联合下发《环境保护行政执法与刑事司法衔接工作办法》(以下简称 2017 年《衔接工作办法》)等。

一些省、市等相关部门也纷纷出台关于两法衔接的规范性文件,如 2012 年 3 月,浙江省环保厅、省公安厅联合发布《关于建立环保公安部门环境执法联动协作机制的意见》;2014 年 5 月,省公安厅、省人民检察院、省高级人民法院、省环保厅四部门率先出台了《关于办理环境污染刑事案件若干问题的会议纪要》;2014 年 8 月,省环保厅会同省公安厅制定了《浙江省涉嫌环境污染犯罪案件移送和线索通报工作规程》和《浙江省涉嫌环境污染违法案件调查取证工作规程》。2007 年,河北省环保局、省公安厅、省人民检察院联合出台《关于涉嫌环境犯罪案件移送的若干具体规定》;2013 年 9 月,河北省环保局、省公安厅、省人民检察院联合发布《关于办理环境污染犯罪案件的若干规定(试行)》。

综上,我国环境污染领域涉及"两法衔接"的主要依据为 2 部行政法规、1 部党内法规、1 部司法解释和若干规范性法律文件,尚不存在行政执法与刑事司法衔接的法律。

(二)"两法衔接"不畅之问题分析

上述规范性法律文件虽然数量可观,但却缺乏统一性,同时普遍法律位阶

---

① 赵旭光:"'两法衔接'中的有效监督机制——从环境犯罪行政执法与刑事司法切入",载《政法论坛》2015 年第 37 卷第 6 期,第 146 页。

较低。目前我国环境行政执法和刑事司法衔接中存在的主要问题在于以下方面。

第一，衔接中各方主体利益之冲突。在目前司法实践中，环境保护与监管部门的监管不力、有案不移、以罚代刑，公安机关选择性立案的情况依然屡见不鲜。有学者认为，原因在于机制涉及的行为主体——立法者、环保部门、公安机关、检察院和法院的利益追求出现了冲突，加之违法责任追究成本较高，导致出现了"法的赤字"。① 环境污染刑事司法背后体现的是国家在经济发展与环境利益矛盾冲突时的路径选择，是人类中心主义理念向生态中心主义理念的艰难转型。环保部门何以有案不移，通过行政处罚过滤掉大量环境污染犯罪案件？原因在于：一是环境保护让位于经济发展。环境污染是国家追求经济高速发展产生的消极产品，环境污染刑事治理往往受制于国家在经济发展和环境利益矛盾冲突时的路径选择。由于环境保护与监管部门隶属于地方政府，在权力设置上要接受上级环境行政主管机关和同级人民政府的双重领导，地方政府的地方保护与监管部门的部门保护，成为其不主动移送案件的重要原因。环境犯罪案件是否进入司法程序极易演变成地方政治、经济、社会和环境利益博弈的结果。二是环境行政权力的滥用。某些环境保护与监管部门的顾虑还在于：环境行政法律责任和环境刑事法律责任是两种性质不同的责任，而对同一行为一般不宜适用两种处罚，我国目前污染环境行政处罚的主要方式为罚款，而一旦将违法行为人移送刑事司法程序，罚没财物必然随之移送，行政机关的权力就仅限对其进行吊销执照等行政处罚，环境保护管理部门将无法从中获益。此外，环保部门工作人员缺乏环境刑法与刑事诉讼法的理念与知识也成为阻滞环境刑事司法运行的原因。

第二，各机关之间协同治理机制有待完善。目前，我国环境保护主管部门只有行政执法权，而无刑事执法权，无法采取强制搜查、扣押等侦查措施和刑事强制措施，因而在涉案人员的追查和证据收集方面存在较大难度。2001年《国务院决定》第6条规定，行政执法部门在查处违法行为中发现的犯罪线索，必须及时通报并依法移送公安部门及其他有关部门。2013年《衔接意见》规定了环保部门与公安机关之间树立合作意识，联合整治突出环境问题，并规定具体衔接配合工作机制：建立联动执法联席会议、联动执法联络员制度、重大案件会商和督办制度、建立紧急案件联合调查机制、信息共享机制等。然而，我国行政执法与刑事司法的协同治理还面临着诸多问题。其一，我国"当下的环境资源犯罪治理过分依赖行政关切、过于注重打击力度、片面追求打击效率，

---

① 沈晓军："我国环境行政执法与刑事司法衔接机制研究——以行为主体的利益选择为视角"，载《河南财经政法大学学报》2017年第24卷第2期，第43页。

运动型治理手段的运用远远多于常规性治理手段"①，在司法实践中环保监管部门、公安机关、检察机关之间的合作与信息沟通缺乏常规性的运作机制。污染环境犯罪案件的管辖，尤其是跨流域、跨地区案件的管辖尚不明确。其二，环境行政执法与刑事司法之间存在信息不对称。环境保护部门和侦查机关分别行使行政管理权和刑事立案权。环境保护部门最先介入环境污染事件，掌握环境监测、环境许可和环境处罚等方面的信息，工作人员具有环境管理和环境执法方面丰富的知识，在这一领域环境保护部门具有信息上的优势。刑事司法人员对于刑事诉讼规则以及刑事证据的收集与固定，则更具有专业上的知识和技能。检察机关一方面与环境保护部门存在合作协同关系，另一方面对环境行政执法与刑事立案行使法律监督权，但信息的不对称不利于其权力的行使。

（三）加强环保机关、公安机关、检察机关协同合作

2014年十八届四中全会明确提出，"健全行政执法和刑事司法衔接机制，完善案件移送标准和程序，建立行政执法机关、公安机关、检察机关、审判机关信息共享、案情通报、案件移送制度，坚决克服有案不移、有案难移、以罚代刑现象，实现行政处罚和刑事处罚无缝对接"。污染环境罪刑事立案阶段，行政执法与刑事司法衔接的主体有公安机关、环保机关和人民检察院，因而应加强环保部门和公安机关之间的执法联动，将环境刑事司法介入环境犯罪案件的时间提前，实现各机关之间的有效合作。针对各机关之间在互动合作中存在的问题，可从以下几个方面予以改良。

其一，构建统一的行政执法与刑事司法衔接信息平台。

环境污染信息的互通和共享是环保机关、公安机关和检察机关之间协同合作的前提和基础。只有保障环境污染的信息畅通，才能实现环境行政执法与刑事司法的有效衔接，才能使检察机关充分发挥法律监督的职能。目前，各地环境信息共享平台正在建设之中，各地的环保部门、公安机关和检察机关借助电子化办公系统设置联合执法系统，由环保机关与公安机关将各类环境污染案件信息录入系统，在案件线索、行政处罚结果、法律文件、数据规定及案件处理程序上，逐步实现环保部门与公安机关、人民检察院信息联网共享②，检察机关也要将法律监督的情况反馈给环保机关和公安机关。通过"两法衔接"信息平台，实现网上受理、网上移送和网上监督。我国目前已经建立国家食品安全

---

① 侯艳芳："中国环境资源犯罪的治理模式：当下选择与理性调适"，载《法制与社会发展》2016年第22卷第5期，第180页。
② 宋伟卫："环境污染犯罪治理的策略配合"，载《人民论坛》2014年第21卷第32期，第84页。

追溯平台，而全国范围内的环境违法信息规范化平台尚未建成。环境违法犯罪信息平台应逐步突破现有各省、市的区域限制，实现垂直管理与平行沟通相结合，并通过规则明确信息共享的内容、责任主体以及具体的程序。

其二，加强环境保护主管部门与司法部门的合作。

2013年《衔接意见》提出环境保护主管部门和公安部门要"树立合作意识、联合整治突出环境问题"，"强化部门执法联动，发挥综合监管优势"，两者之间的联合执法有所加强，但是《衔接意见》并未涉及环境保护主管部门和公安机关之间内部的权力分工、制约机制以及具体的程序性规定。2017年《衔接工作办法》厘清了环保机关、公安机关和检察机关的职责权限，提出建立健全环境污染违法犯罪"两法衔接"的长效工作机制和双向咨询等制度，畅通了各机关的合作机制，然而实践中上述机关之间的常态性合作仍有待加强。

环境法治发达国家非常重视环境行政执法部门与司法机关之间的合作。美国联邦环保局和司法部环境与自然资源处有着密切的合作关系。该处拥有600多人，负责美国联邦环保局提交的环境违法案件的民事和刑事起诉工作。该处负责起诉的范围要比美国联邦环保局的职能范围大得多，除污染控制外，还包括自然资源、野生动植物保护案件，而且还可依据宪法、《国家环境政策法》的规定对政府破坏环境的决策提起诉讼。此外，大多数欧洲国家，警方与环保部门之间联系极为密切，而且两者之间有明确分工，警方负责检控，环保部门负责在执法过程中确定违法者及调查取证。[①] 我国环保机关和公安司法机关之间应建立长效的合作机制。环保机关在行政执法过程中，发现行政违法可能涉嫌刑事犯罪的，与公安机关形成执法联动，实现对刑事犯罪的有效移送。

四、扩大环境污染刑事追诉机制

（一）环境污染刑事犯罪追诉机制单一

2014年至2018年我国环境污染刑事一审判决的起诉权主体全部为检察机关，国家机关在环境污染刑事犯罪追诉中占据绝对主导地位，这种局面主要受我国刑事诉讼起诉制度所限。

我国刑事起诉方式有刑事公诉与刑事自诉两种，以刑事公诉为主，刑事自诉为辅。刑事公诉案件由人民检察院提起公诉，刑事自诉案件由自诉人提起自诉。《刑事诉讼法》第114条规定，"对于自诉案件，被害人有权向人民法院直接起诉。被害人死亡或者丧失行为能力的，被害人的法定代理人、近亲属有权

---

① 卢永鸿：《中国内地与香港环境犯罪的比较研究》，中国人民公安大学出版社2005年版，第312页。

向人民法院起诉。人民法院应当依法受理。"第 210 条规定:"自诉案件包括下列案件:(一)告诉才处理的案件;(二)被害人有证据证明的轻微刑事案件;(三)被害人有证据证明对被告人侵犯自己人身、财产权利的行为应当依法追究刑事责任,而公安机关或者人民检察院不予追究被告人刑事责任的案件。"

依照《最高人民法院关于适用〈中华人民共和国刑事诉讼法〉的解释》(以下简称《刑事诉讼法解释》)第 1 条第 1 款规定,告诉才处理的案件包含:侮辱、诽谤案,暴力干涉婚姻自由案,虐待案,侵占案。第 2 款规定,人民检察院没有提起公诉,被害人有证据证明的轻微刑事案件包含:故意伤害案(轻伤),非法侵入住宅案,侵犯通信自由案,重婚案,遗弃案,生产、销售伪劣商品案,侵犯知识产权案,刑法分则第四章、第五章规定的,对被告人可能判处 3 年有期徒刑以下刑罚的案件。污染环境罪位于我国刑法分则第六章妨害社会管理秩序罪,显然不属于《刑事诉讼法解释》第 1 条前两款规定的情形。

如此一来,只有在符合《刑事诉讼法解释》第 1 条第 3 款的规定时,污染环境罪才可能转化为自诉案件。然而,环境污染犯罪案件的被害人一般是社会的弱势群体,缺乏相应的法律知识和证据收集能力,环境污染犯罪的调查和取证工作十分复杂,要证明环境污染行为与被害人遭受的损害结果之间存在因果关系异常困难,在公安机关和人民检察院不予追究刑事责任时,被害人凭借一己之力要想证明被害人的环境污染行为成立犯罪,达到有罪的证据标准,其难度可想而知。尤其当环境污染者是实力雄厚的环境污染企业,与受害方之间的地位差距悬殊时,这种救济就变得更加无法实现。此外,我国被害人提起附带民事诉讼的案件数量极少,2014—2018 年被害人(被害单位)及其近亲属提起附带民事诉讼的一审刑事判决为 4 份。实质上,我国刑事被害人在刑事诉讼运行中的权利也极为有限,缺乏程序参与权和程序选择权,当事人的法律地位没有充分显现。

我国环境公益诉讼包含环境民事公益诉讼、环境行政公益诉讼与环境刑事公益诉讼。但在司法实践中,环境刑事附带民事公益诉讼案件还存在诸多不足,2000 年至 2013 年,全国环境公益诉讼案件仅不到 60 件。《民事诉讼法》修改以来,检察机关成为公益诉讼的提起主体,环境刑事附带民事公益诉讼案件数量有所上升。此外,依照我国现有法律规定,社会组织在我国污染环境刑事程序启动上基本没有作为空间。

(二)扩大污染环境罪案件起诉权主体

我国环境污染犯罪刑事追诉机制较为单一,在一定程度上影响了环境犯罪的刑事惩治。与此相应,欧美等国家和地区环境犯罪起诉权主体一般非常宽泛。

欧盟12个国家与地区中，比利时和法国的"公共机构"享有刑事案件起诉权，英格兰和威尔士"环境管理局"直接享有环境污染犯罪的"刑事起诉权"，同时有6个国家与地区具有个人享有刑事起诉权的情形。[①] 英国环境公害犯罪，受害人或非直接受害人均可直接提起公诉，除非特定情况非直接受害人要经过检察官同意才可起诉外，均可提起诉讼。环境私害犯罪，除例外情况，公民均可提起诉讼。[②] 美国环境保护厅负责环境污染犯罪案件的起诉，同时司法部环境与自然资源处负责起诉的范围要比环保厅更为宽泛，除污染控制外，还包括自然资源、野生动植物保护案件，而且还可以依据宪法、《国家环境政策法》的规定对政府破坏环境的决策提起诉讼。上述国家在环境污染犯罪刑事追诉中普遍采取较为开放的态度。

我国应赋予刑事被害人在污染环境罪案件中提起刑事自诉的权利。在现有法律框架下，环境犯罪案件属于公诉案件，由检察机关提起公诉，但环境污染犯罪和其他犯罪有所不同，几乎所有的环境污染行为都是为追逐经济利益，很多环境污染企业为地方经济发展作出贡献，一些地方政府出于经济发展考虑往往采取地方保护主义，刑事案件难以进入公诉程序，此时被害人往往处于孤立无援的境地。被害人作为环境污染犯罪行为直接侵害的对象，却没有启动刑事诉讼程序的权利，对于保护环境犯罪侵犯的法益，实现自身权利的救济而言无疑是不利的。

在具体路径选择上，我国可以通过司法解释扩大刑事自诉案件的受案范围，将《刑事诉讼法解释》第1条第2款由"被害人有证据证明的轻微刑事案件"修改为"被害人有证据证明的刑事案件"，同时将污染环境罪等环境犯罪归入其中，从而使被害人既可以通过公诉方式，也可以通过自诉方式来实现权利救济。当然，为防止被害人行使刑事自诉权和环境保护机关对环境污染行为是违法行为还是犯罪行为的判断之间出现冲突，可以规定环境污染行政移送前置程序，只有在行政机关未向公安机关移送的情况下，被害人才能提起刑事自诉。

五、环境刑事司法启动的公众参与

加强环境污染刑事启动的公众参与是环境污染刑事治理的发展趋势。环境污染犯罪案件污染源复杂、受害群体范围广泛而且调查取证困难，需要积极发

---

① 焦艳鹏："我国环境污染刑事判决阙如的成因与反思——基于相关资料的统计分析"，载《法学》2013年第36卷第6期，第76页。

② 付立忠："试论我国的环境刑事诉讼程序"，载《中国人民公安大学学报》1996年第12卷第3期，第39页。

挥公众力量，鼓励公民举报环境违法犯罪行为，提高公民参与环境污染刑事治理的意识与热情，扩大环境污染刑事案件的立案来源。

（一）完善环境污染信息公开制度

知情权是公众参与环境污染刑事治理的前提与基础，建立和完善包含环境污染犯罪信息在内的环境污染信息公开制度对提升环境污染刑事治理能力大有裨益。2008年5月1日起，《环境信息公开办法（试行）》正式施行（已失效）。2015年《环境保护法》第53~58条规定了信息公开和公众参与，其中第53条规定公民、法人和其他组织依法享有获取环境信息、参与和监督环境保护的权利。2014年12月15日《企业事业单位环境信息公开办法》予以公布，并于2015年1月1日正式施行。2019年7月18日《生态环境部政府信息公开实施办法》予以公布，并于同日实施。

就信息公开主体而言，有政府信息公开和企业信息公开。我国虽然规定了环境信息公开，但就政府而言，信息公开的内容仅限于环评申请公示与环评结果公示，不包括环评报告内容等。就企业而言，环境污染违法与犯罪信息公开缺乏激励机制与责任承担，公开状况在司法实践中并不乐观。很多企业不愿将违法与犯罪信息公开，依照规定因此而承担的违法成本也非常低廉[①]。

环境法治发达国家和地区都非常重视环境信息公开制度的建立和完善，如英国法律以及欧盟法律都充分保证公众或者非政府组织获取环境信息、环境决策以及提起公益诉讼方面的权力。英国1992年颁布的《环境信息条例》明确规定，除了某些例外，任何寻求环境信息的个人都有从任何公共机构获得环境信息的权利。加拿大的《环境保护法》规定在环境法律法规制定上，设立网上环境登记处，提供环境信息、数据、状况，便于公众对环境法律文件的制定进行全程监督。

我国应完善环境污染违法犯罪信息公开制度，保障公众环境违法犯罪信息知情权，鼓励公众参与环境污染刑事治理。同时规定企业必须对环境违法与犯罪信息予以公开，否则要承担相应的法律责任，以加强社会公众对于企业环境违法与犯罪的监督。

---

① 《企业事业单位环境信息公开办法》第16条规定，有下列行为之一的，由县级以上环境保护主管部门根据《中华人民共和国环境保护法》的规定责令公开，处3万元以下罚款，并予以公告：(1) 不公开或者不按照本办法第9条规定的内容公开环境信息的；(2) 不按照本办法第10条规定的方式公开环境信息的；(3) 不按照本办法第11条规定的时限公开环境信息的；(4) 公开内容不真实、弄虚作假的。

(二) 完善社会公众的环境举报权

社会公众对环境污染和环境犯罪之间的界限往往很难把握，公民举报启动环境污染刑事程序既可以直接向公安机关提出，也可以向环境保护行政机关提出，对于行为成立犯罪的，由环境保护行政机关向公安机关移送。

我国 2015 年《环境保护法》与《环境保护公众参与办法》都规定了公民、法人和其他组织的举报权。① 从相关规定可见，环境举报权的特点主要表现在：第一，环境举报权的主体为公民、法人和其他组织。第二，环境举报的对象为单位和个人污染环境和破坏生态的行为以及地方各级人民政府、县级以上人民政府环境保护主管部门和其他负有环境保护监督管理职责的部门不依法履行职责的行为。第三，污染环境和破坏生态行为的举报，可以向环境保护主管部门或者其他负有环境保护监督管理职责的部门提出；行政机关不履行职责行为的举报向上级机关或者监察机关提出。第四，环境举报权的行使途径包括通过信函、传真、电子邮件、"12369"环保举报热线、政府网站等。第五，规定了对环境举报人的保护和奖励机制。然而，上述规定过于原则，对环境举报权的保障机制以及环境举报权的具体行使程序缺乏规定。

社会公众环境举报权的完善可从以下方面进行：第一，完善接受举报主体对于环境污染举报接受、反馈和处理的具体程序，将流程予以细化。第二，明确环境举报权利的救济途径。环境举报权行使的障碍在于接受举报主体对公民行使环境举报权利的不作为。在环境污染行为尚未达到犯罪的程度时，可规定其可以提起行政复议或者行政诉讼；在环境污染行为可能达到犯罪的程度时，向公安机关举报，在公安机关未启动刑事司法程序时，可向人民检察院申请立案监督。

(三) 加强环境保护社会组织参与

我国的环境保护社会组织主要有政府发起和民间自发组成两种：前者如中华环保联合会、中华环保基金会；后者如"自然之友"、中国生物多样性保护

---

① 2015 年《环境保护法》第 57 条规定，公民、法人和其他组织发现任何单位和个人有污染环境和破坏生态行为的，有权向环境保护主管部门或者其他负有环境保护监督管理职责的部门举报。公民、法人和其他组织发现地方各级人民政府、县级以上人民政府环境保护主管部门和其他负有环境保护监督管理职责的部门不依法履行职责的，有权向其上级机关或者监察机关举报。接受举报的机关应当对举报人的相关信息予以保密，保护举报人的合法权益。《环境保护公众参与办法》第 11 条规定，公民、法人和其他组织发现任何单位和个人有污染环境和破坏生态行为的，可以通过信函、传真、电子邮件、"12369"环保举报热线、政府网站等途径，向环境保护主管部门举报。第 12 条规定，公民、法人和其他组织发现地方各级人民政府、县级以上环境保护主管部门不依法履行职责的，有权向其上级机关或者监察机关举报。

争议。如有学者认为行政证据依据《刑事诉讼法》第 54 条第 2 款的规定进入刑事诉讼后仅相当于刑事证据材料，并不当然具备证据能力和证明力，更不能直接作为定案的根据。① 证据材料是证据的原始状态，证据材料要在诉讼中作为证据使用，用来认定案件事实，需要经过证据能力和证明力的审查。如果将"可作为证据使用"理解为证据材料，行政证据在刑事诉讼是指仍然需要经过刑事证据的证据能力和证明力的检验。

证据能力是证据在法律上的资格，行政证据是否被允许在法庭上使用的能力。有研究者认为，"刑事诉讼法赋予了行政机关在行政执法和查办案件过程中收集到的行政证据作为刑事证据的证据能力"，即意味着"刑事诉讼法对行政证据的收集主体、收集形式以及收集程序等给予了认可"②。然而，证据能力既包括取证主体、取证程序等方面，又涵盖非法证据排除规则问题，如果将其理解为证据能力，随之产生的问题便是该类行政证据是否受非法证据排除规则的审查。

如果将"可作为证据使用"按照定案根据把握，便意味着行政证据已经具有刑事证据的证明力，无须经过法庭调查中的质证程序，即可以用来认定案件事实。可见，从何种层面理解"可作为证据使用"，对于行政证据向刑事证据的转化意义重大。

（二）"可作为证据使用"是从正面角度对证据能力的认可

第 54 条第 2 款当中的"可作为证据使用"应理解为是从正面角度对行政证据证据能力的认可，而非证据材料或者定案根据。

其一，"可作为证据使用"不应理解为证据材料。我国《刑事诉讼法》第 54 条第 2 款解决了行政证据在刑事诉讼中的准入问题。该条款的立法目的一方面在于突破侦查机关介入时间滞后、专业能力不足的障碍，破解部分刑事证据难以重新收集的难题，从而有利于犯罪追诉；另一方面在于避免对某些实物证据没有必要的重复收集，以节约司法资源，提高诉讼效率。现有《刑事诉讼法》第 50 条第 1 款规定，"可以用来证明案件事实的材料，都是证据"，这里的"证据材料"是证据的原始形态，对于证据材料，控辩双方仍然需要经过法定的取证程序加以收集。因而，"证据材料"的理解显然与《刑事诉讼法》第 54 条第 2 款之立法目的不相符合。

---

① 宋维彬：行政证据与刑事证据衔接机制研究——以《新刑事诉讼法》第 52 条第 2 款为分析重点，载《法律适用》2014 年第 29 卷第 9 期，第 65~66 页。
② 杜磊：行政证据与刑事证据衔接规范研究——基于刑事诉讼法第 52 条第 2 款的分析，载《证据科学》2012 年第 20 卷第 6 期，第 658 页。

其二,"可作为证据使用"不应理解为定案根据。我国《刑事诉讼法》第50条第3款规定,"证据必须经过查证属实,才能成为定案根据",证据要成为"定案根据"不仅要具有证据能力,还要具有证明力。证据能力和证明力的概念来源于大陆法系。证明力是指证据的证明价值,即证据能否用来证明案件事实以及证明案件事实的程度,是经验和逻辑层面的问题。刑事证据的证明力要由刑事法官经过法庭质证程序对具有证据能力的证据加以审查和判断,查证属实,进而作出认定,而并非由法律直接加以规定。

其三,"可作为证据使用"是从正面角度认可了行政证据在刑事诉讼中的证据能力。证据能力又称证据资格,是指证据资料在法律上允许其作为证据使用的资格,是法律层面的问题。就证据资格而言,法律既从正面规定了刑事证据的收集主体、方式和程序等,又从反面规定了对非法证据的排除问题。第54条第2款认可了行政证据和刑事证据在证据收集主体、证据形式、证据收集程序等方面存在的差异性。① 这是从正面角度对行政证据的肯认,上述行政证据无须经过刑事程序转化,就具备刑事证据的证据能力,但上述证据仍然要受到相关主体的审查,受到刑事诉讼非法证据排除规则的制约。至于由哪一主体完成这一审查,传统观点认为,侦查机关、人民检察院、人民法院都有审查证据的义务。从审判中心主义出发,法院最终决定该证据是否具备证据能力、能否作为认定案件事实的依据,法院才是行政执法证据最终的审查者。②

综上所述,环境保护行政机关在环境行政执法和查办案件中收集的用以环境行政处罚等的证据,在符合法律规定情形下,可在环境污染刑事司法中作为证据使用,此处的证据应理解为具有正面意义的证据资格,法官可在审查刑事证据是否非法证据的基础上,进一步对刑事证据的证明力进行审查和判断。

二、行政证据在刑事诉讼中准入范围之解读

(一)证据准入范围之法律争议

我国2010年《环境行政处罚办法》第32条规定,环境行政处罚证据,主要包含书证、物证、证人证言、视听资料和计算机数据、当事人陈述、监测报告和其他鉴定结论、现场检查(勘察)笔录等形式,上述证据哪些在准入范围之内?

---

① 杜磊:"行政证据与刑事证据衔接规范研究——基于刑事诉讼法第52条第2款的分析",载《证据科学》2012年第20卷第6期,第659页。
② 龙宗智:《司法改革与中国刑事证据制度的完善》,中国民主法制出版社2016年版,第423页;冯俊伟:"行政执法证据进入刑事诉讼的规范分析",载《法学论坛》2019年第34卷第2期,第126页。

针对《刑事诉讼法》第 54 条第 2 款"物证、书证、视听资料、电子数据等证据材料"中"等"的理解，全国人民代表大会法工委刑法室解读为"涉及的证据材料范围是物证、书证、视听资料、电子数据等实物证据，不包括证人证言等言词证据"①，最高人民法院《刑事诉讼法解释》第 65 条与《刑事诉讼法》第 54 条的规定一致。除此之外，相关司法解释和规范性文件多作出了扩展解释。依照《人民检察院刑事诉讼规则》第 64 条规定，转化范围包含鉴定意见、勘验、检查笔录；依照《公安机关办理刑事案件程序规定》第 60 条规定，转化范围包含检验报告、鉴定意见、勘验笔录、检查笔录等；按照 2017 年《衔接工作办法》第 20 条规定，"可作为证据使用"的范围为物证、书证、视听资料、电子数据、监测报告、检验报告、认定意见、鉴定意见、勘验笔录、检查笔录等证据材料。2016 年《环境污染解释》第 12 条第 1 款，将"环境保护主管部门及其所属监测机构在行政执法过程中收集的监测数据"纳入可作为刑事诉讼证据使用的范围。依照上述司法解释和规范性文件，除了实物证据外，检验报告、监测报告、认定意见、鉴定意见等言词证据也被纳入向刑事证据转化的证据材料范围。

学界在行政证据转化的范围上不无争议。有学者认为，贸然赋予鉴定意见直接在刑事诉讼中加以适用的资格不是一种较为恰当的做法，《公安机关办理刑事案件程序规定》将检验报告纳入转化范围的做法也值得商榷，这种做法违背了《刑事诉讼法》的立法目的。② 针对如何理解行政证据中的其他言词证据，即行政证据"证人证言""当事人的陈述"等如何成为刑事证据"证人证言""被害人陈述""犯罪嫌疑人、被告人供述和辩解"？学者之间存在较大分歧，有学者主张刑事诉讼中可以采用行政执法证据，理由在于，取证主体、取证程序的不同不会影响言词证据的可靠性。③ 张泽涛教授主张，"应该明确限定行政证据在刑事诉讼中的使用范围仅限于实物证据，取消"等"字这一可作歧义性解读的表述"。④

（二）证据准入范围之具体分析

"'行政不法事实'与'犯罪事实'是两个相对独立的'法律事实'，两者

---

① 全国人大常委会法制工作委员会刑法室：《关于修改〈中华人民共和国刑事诉讼法〉的决定条文说明、立法理由及相关规定》，北京大学出版社 2012 年版，第 49 页。
② 杜磊："行政证据与刑事证据衔接规范研究——基于刑事诉讼法第 52 条第 2 款的分析"，载《证据科学》2012 年第 20 卷第 6 期，第 662 页。
③ 王进喜主编：《刑事证据法的新发展》，法律出版社 2013 年版，第 113~114 页。
④ 张泽涛："论刑事诉讼非法证据排除规则的虚置——行政证据与刑事证据衔接的程序风险透视"，载《政法论坛》2019 年第 41 卷第 5 期，第 76 页。

处于不同的法律位阶"①。行政不法事实并不能当然转化成为犯罪事实，行政执法证据也不能突破法律的规定，直接转化为刑事犯罪证据。行政证据向刑事证据的转化必须要有法律上的明确依据。对于我国《刑事诉讼法》第 54 条第 2 款"物证、书证、视听资料、电子数据等证据材料"中"等"的含义，具体可作出如下解读。

第一，因为物证、书证、视听资料、电子数据均为实物证据，前述中的"等"也应理解为与之一致，将证据转化范围限定为实物证据，不宜再作出扩大解释。故而除以上 4 种外，还应包含勘验笔录、检查笔录和现场笔录。

第二，行政言词证据笔录不能直接转化为刑事证据。言词证据较之实物证据，具有较强的主观性，稳定性较差，可能会因为取证主体和取证方式的不同而发生变化。我国《刑事诉讼法》和相关司法解释对犯罪嫌疑人、被告人的供述、被害人陈述、证人证言的取证主体和取证程序等作出严格规定。如"讯问犯罪嫌疑人"明确规定侦查人员的人数、讯问的地点、讯问的过程以及对重大犯罪案件要进行全程录音录像等。我国《刑事诉讼法》第 54 条第 2 款没有明确将此类言词证据囊括其中，《刑事诉讼法解释》第 65 条对此作出同样表述，《人民检察院刑事诉讼规则》第 64 条第 2 款规定，行政机关在行政执法和查办案件中收集的鉴定意见、勘验、检查笔录，经人民检察院审查符合法定要求的，可以作为证据使用。由此，环境污染刑事诉讼对被害人陈述、证人证言、犯罪嫌疑人和被告人供述与辩解等言词证据不能直接作为证据使用，而必须经过侦查机关依照法定程序收集并重新制作言词证据笔录来转化和固定，并严格进行法庭质证程序，才能由法官加以审查和认定。

第三，行政程序取得的鉴定意见、检验报告要进行证据能力的审查。行政鉴定能否在刑事诉讼中直接转化，是该条款面临的一大疑难。如环境保护部门在行政执法过程中委托鉴定机构和鉴定人对废水、废物等作出"危险废物"的鉴定，该行政鉴定意见在日后的刑事诉讼中能否用作指控犯罪的证据？我国《刑事诉讼法》第 54 条第 2 款的立法初衷在于发现案件真实和节约诉讼效率，行政鉴定转化为刑事证据具有合理性。作为刑事证据法定形式之一的鉴定意见，是国家专门机关就案件中的专门性问题，指派或者聘请具有专门知识的鉴定人进行鉴定所出具的判断性意见。行政鉴定和刑事鉴定意见在证据能力上存在差异，《刑事诉讼法解释》第 84 条规定，"对鉴定意见应当着重审查以下内容"，其中就包含对证据能力的审查，即"鉴定机构和鉴定人是

---

① 陈瑞华："行政不法事实与犯罪事实的层次化理论"，载《中外法学》2019 年第 41 卷第 1 期，第 39 页。

否具有法定资质""检材的来源、取得、保管、送检是否符合法律、有关规定""鉴定意见的形式要件是否完备""鉴定程序是否符合法律、有关规定"等,在鉴定意见不符合上述规定的情形下,不得作为定案的根据。行政鉴定意见成为行政证据无须受到严格的限定。因而,在行政鉴定意见向刑事证据的转化中应谨慎为之。本书认为,如果从证据能力层面理解"可作为证据使用",行政鉴定不能直接作为刑事证据使用。将行政鉴定意见向刑事证据转化,人民法院要从鉴定主体的鉴定能力,鉴定检材物证、书证、视听资料等的来源,鉴定的程序等方面进行审查。

三、非法行政证据证据资格之规范

我国行政执法领域也有禁止非法取证的规定。① 然而目前《行政诉讼法》并未规定非法证据排除的具体规则。我国 2012 年《刑事诉讼法》以及相关司法解释确立了非法证据排除规则,非法证据排除规则的适用对象主要是侦查机关收集的证据,对非法取得的行政证据在刑事诉讼中的证据能力,我国《刑事诉讼法》以及相关司法解释却并未作出明确规定。"在审判实践中,行政证据中的实物证据无一起被排除适用的实例,作为言词证据类型的鉴定意见有且只有一起被排除适用,证人证言、违法嫌疑人陈述等言词证据也被大量采信"②。可见,行政证据在向刑事证据转化的过程中存在被漂白的可能,刑事非法证据排除规则在两种证据衔接过程中极易被无形架空。

刑事诉讼直接关涉犯罪嫌疑人、被告人的人身、财产、自由以及其他基本权利,因而必须更加注重对国家权力的制约和对被追诉人人权的保障。《刑事诉讼法》规定非法证据排除规则的目的在于保障被追诉人的基本人权、彰显程序正义、维护司法权威、阻吓警察不法。非法行政证据的证据资格在域外刑事诉讼法中有所规定,如 1984 年《英国警察与刑事证据法》将包含警察行政强制行为在内的所有权力行为均纳入调整范围,受到非法证据排除规则的规范。③

---

① 2014 年《行政诉讼法》第 43 条第 3 款规定,以非法手段取得的证据,不得作为认定案件事实的依据。最高人民法院《关于适用〈中华人民共和国行政诉讼法〉的解释》第 43 条规定,有下列情形之一的,属于《行政诉讼法》第 43 条第 3 款规定的"以非法手段取得的证据":(一)严重违反法定程序收集的证据材料;(二)以违反法律强制性规定的手段获取且侵害他人合法权益的证据材料;(三)以利诱、欺诈、胁迫、暴力等手段获取的证据材料。

② 张泽涛:"论刑事诉讼非法证据排除规则的虚设——行政证据与刑事证据衔接的程序风险透视",载《政法论坛》2019 年第 41 卷第 5 期,第 67 页。

③ 彭勃编译:《英国警察与刑事证据法精要》,厦门大学出版社 2014 年版,第 8~9 页。

我国理论界针对环境保护行政机关在环境行政执法中非法取得的行政证据是否具有证据资格，主要形成一律排除说与遵从刑事证据说两种观点。一律排除说否定了非法取得的一切实物证据的证据资格，该观点可谓过于绝对。但非法行政证据在刑事诉讼中要受到非法证据排除规则的规制，非法证据排除规则不能被架空。本书亦赞同将非法取得的行政证据和刑事证据作同样的处理，按照《刑事诉讼法》和相关司法解释的规定解决行政证据的证据能力问题。如对于物证、书证，依据我国2018年《刑事诉讼法》第56条的规定，"收集物证、书证不符合法定程序，可能严重影响司法公正的，应当予以补正或者作出合理解释；不能补正或者作出合理解释的，对该证据应当予以排除"。《刑事诉讼法解释》第73条进一步对物证、书证的排除以及瑕疵证据经补正或者合理解释的采用作出具体规定。①

行政证据与刑事证据在取证主体、取证程序和证明责任上存在差异，行政证据的规范化程度要低于刑事证据，部分环境保护机关在取证中存在程序不规范、文书记录不完整等情况。环境污染案件具有时效性，一旦行政证据在刑事诉讼中被作为非法证据排除，刑事证据再获得收集的概率较低。因而，提高行政证据收集的规范性，是实现对环境污染犯罪案件有效追诉的必然之举。

第三节 检察机关环境污染刑事司法监督

一、环境污染刑事司法监督之运行

我国环境污染治理的监督主体有检察机关、监察机关以及本级和上级人民政府等，而刑事司法的监督权主要来源于检察机关。何谓检察权，在不同国家，以及同一国家的不同历史时期均有不同的说法。作为一国司法制度的重要组成

---

① 《刑事诉讼法解释》第73条规定，在勘验、检查、搜查过程中提取、扣押的物证、书证，未附笔录或者清单，不能证明物证、书证来源的，不得作为定案的根据。物证、书证的收集程序、方式有下列瑕疵，经补正或者作出合理解释的，可以采用：（1）勘验、检查、搜查、提取笔录或者扣押清单上没有侦查人员、物品持有人、见证人签名，或者对物品的名称、特征、数量、质量等注明不详的；（2）物证的照片、录像、复制品，书证的副本、复制件未注明与原件核对无异，无复制时间，或者无被收集、调取人签名、盖章的；（3）物证的照片、录像、复制品，书证的副本、复制件没有制作人关于制作过程和原物、原件存放地点的说明，或者说明中无签名的；（4）有其他瑕疵的。对物证、书证的来源、收集程序有疑问，不能作出合理解释的，该物证、书证不得作为定案的根据。

部分，检察制度受到一国政治、经济、文化、法律传统、现实需要等多重因素制约，亦是一国宪政理论与实践发展的产物。检察权为抽象意义的概念，是融合侦查权、公诉权、法律监督权等多种职权的权力体系，其不同于作为检察权具体行使方式的检察职能。人民检察院是法定的法律监督机关，对于检察机关的法律监督可以做广义、狭义两个层次理解，我国检察权的本质属性应定位为广义上的法律监督，即一般监督权。我国《宪法》第 57 条规定："中华人民共和国全国人民代表大会是最高国家权力机关。"《宪法》同时规定，国家行政机关、审判机关、检察机关都由人民代表大会产生，对它负责，受它监督。以此为基础，《宪法》第 134 条与《中华人民共和国人民检察院组织法》（以下简称《人民检察院组织法》）第 1 条均将人民检察院定位为国家的法律监督机关，检察机关的法律监督权来源于最高层次的国家权力机关人民代表大会的授权并受其监督。在国家权力配置上，检察机关的法律监督权应以实现控制国家权力、维护社会公益作为其追求的最终价值目标，即检察权要通过对司法权与行政权的监督实现其制约权力、解决纠纷、救济权利、维护公益的功能定位。正如有学者所言，从广义角度看，法律监督是检察机关的本质属性，是蕴藏在各项检察职能中内在的、深刻的东西，是各项检察职能最根本、最一般、最普遍、最共同的东西。这就是检察权的本质，是各项检察职能的共性。①

检察机关作为法律监督机关，在打击破坏环境资源犯罪、推进生态文明建设中承担重要功能。2013 年《衔接意见》没有将检察机关规定在环境污染行政执法与刑事司法的衔接机制当中。2017 年《衔接工作办法》明确了检察机关对行政执法与刑事司法衔接的监督，其中第 4 条规定，人民检察院的监督包含对环保部门移送涉嫌环境犯罪案件活动的移送监督和刑事诉讼中对公安机关的立案监督。

2014 年起，我国检察系统连续 3 年开展破坏环境资源犯罪专项立案监督，人民检察院对环境污染行政执法与刑事司法衔接的监督取得了较大进展。腾格里沙漠污染环境案、上海垃圾非法倾倒案等发生后，最高人民检察院与公安部、环境保护部联合挂牌督办，内蒙古、甘肃、宁夏和江苏等地检察机关及时介入案件调查，依法严惩污染环境犯罪。2014 年最高人民检察院发布检察机关查办生态环境领域犯罪典型案例 15 件，其中监督移送立案案件 2 件。各地检察机关纷纷开展对环境污染刑事司法的监督工作。其中河北省青县郭某甲、刘某某等污染环境案是检察机关开展破坏环境资源犯罪专项立案监督活动的典型案例，也是检察机关依托行政执法与刑事司法衔接工作机制，获取案件线索，并督促

---

① 谟川："法律监督与检察职能的辩证统一"，载《检察日报》2011 年 11 月 25 日。

行政执法机关移送涉嫌犯罪案件线索的典型案例。① 2015 年 5 月—2016 年 4 月，山东省检察机关共对涉嫌污染环境、破坏生态犯罪案件批准逮捕犯罪嫌疑人234 人，提起公诉 343 件 594 人，针对环保领域行政不作为、乱作为发出检察建议 347 件。2015 年 3 月—2016 年 10 月，山东省检察机关共监督行政执法机关移送涉嫌犯罪案件 86 件 133 人，监督立案 102 件 145 人，有效打击了破坏环境资源的犯罪②。

二、环境污染刑事司法监督之问题分析

现阶段，我国环境污染专项检察监督虽然有助于快速、高效打击和惩治环境污染犯罪，但却无法从根本上改变检察机关对污染环境罪行政执法与刑事司法衔接监督弱化的现状，主要体现在以下方面。

（一）检察机关移送监督程序之问题分析

移送监督是指人民检察院监督环境保护部门将环境行政执法中发现的涉嫌犯罪案件移送到公安机关，以促使严重污染环境行为进入刑事诉讼程序，得到刑事惩治进行的监督。我国关于检察机关移送监督的制度依据除《宪法》《人民检察院组织法》外，2001 年国务院《规定》第 14 条第 1 款规定，"行政执法机关移送涉嫌犯罪案件，应当接受检察机关和监察机关的监督"，由于《规定》本身过于粗疏而且缺乏配套制度的支持，该条文一直没有得到有效执行。2004 年《工作联系意见》第 3 条规定，"检察机关收到举报或者反映后，可以向行政执法机关查询案件情况，经协商同意，还可以派员查阅有关案卷材料，行政执法机关应予配合"。2001 年《人民检察院规定》第 12 条规定，在具备"检察机关发现行政执法机关应当移送的涉嫌犯罪案件而不移送的""有关单位和个人举报的行政执法机关应当移送的涉嫌犯罪案件而不移送的""隐匿、销毁涉案物品或者私分涉案财物的""以行政处罚代替刑事追究而不移送的"4 种情况

---

① 郭某甲等 5 人在河北省青县马厂镇、金牛镇等地分别独立从事电镀加工行业。自 2013 年 10 月以来，郭某甲等 5 人将电镀作业中产生的污水，在未经处理的情况下，直接予以排放。经检测，5 人所排放的污水中均含有铜、铅、锌等有害物质，可能严重污染环境。河北省青县人民检察院在查阅青县环境保护局的执法档案和环境监测报告中发现，青县郭某甲、刘某某等人在电镀作业过程中，利用渗坑排放有毒物质、生产方式、违法排污等方面相似度较高，具有一定典型性，应该作为监督和打击的重点。2014 年 3 月 24 日，青县人民检察院向青县环保局发出移送上述 5 起案件的书面意见。青县公安局于 3 月 26 日至 4 月 15 日，分别对上述案件进行立案侦查。徐日丹、贾阳：" 全面履行法律监督职能．严惩破坏生态环境破坏"，载《检察日报》2014 年 6 月 3 日。

② 郭树合："检察机关对破坏环境资源犯罪监督立案 102 件 145 人"，http：//www.jcrb.com/procuratorate/highlights/201611/t20161109_1672330.html。

等方式规范缓刑的适用。缓刑的具体适用，可包含如下情形：第一，应当适用缓刑的情形。我国《刑法》第72条规定了缓刑适用的实质条件，同时规定，"对于其中不满18周岁的人、怀孕的妇女和已满75周岁的人，符合缓刑适用条件的，应当适用缓刑"。这里"应当适用缓刑"的情形是以被告人具备缓刑适用的实质条件为基础的。第二，禁止适用缓刑的情形。对于污染环境行为情节严重或者对法益有严重侵害或危险的犯罪，不得适用缓刑，禁止性规定在缓刑适用中尤为重要。一些地方人民法院在规范缓刑适用上已经作出有益的尝试。如江苏省高级人民法院《关于环境污染刑事案件的审理指南（一）》中，明确规定不适用缓刑的10种情形，将"阻挠环境监督检查或者突发环境事件调查，尚不构成妨害公务等犯罪的"、"具有危险废物经营许可证的企业违反国家规定排放、倾倒、处置有放射性的废物、含传染病病原体的废物、有毒物质或者其他有害物质的"、"违反国家规定，跨省、市区域排放、倾倒、处置有放射性的废物、含传染病病原体的废物、有毒物质或者其他有害物质的"等情形排除于缓刑适用之外。第三，可以适用缓刑的情形。污染环境犯罪在符合缓刑适用条件时，可以适用缓刑。在司法实践中，部分环境污染犯罪被告人的排污行为刚达到3倍以上或者3吨以上的入罪标准，而且认罪态度较好，是初犯、偶犯，或者其类似行为之前只受到执法机关的非犯罪化处理。在此种情形下，对被告人可以适用缓刑。被告人能够修复生态环境的，可作为从轻处罚的量刑情节，适用缓刑。

三、污染环境罪从业禁止之明确

我国2011年《刑法修正案（八）》规定管制中的禁止令和缓刑中的禁止令[①]，2015年《刑法修正案（九）》进一步规定从业禁止制度[②]。部分污染环境罪刑事判决判处被告人缓刑期限内的禁止令，但是适用率总体不高，而依据《刑法修正案（九）》判决被告人从业禁止的判决更是屈指可数。污染环境罪的从业禁止还没有实现有效预防犯罪的目的。

---

① 《刑法修正案（八）》修订增加《刑法》第72条第2款，"宣告缓刑，可以根据犯罪情况，同时禁止犯罪分子在缓刑考验期内从事特定活动，进入特定区域、场所，接触特定的人"。

② 刑法修正案（九）在第37条后增加了"从业禁止"规定，即"因利用职业便利实施犯罪，或者实施违背职业要求的特定义务的犯罪被判处刑罚的，人民法院可以根据犯罪情况和预防再犯罪的需要，禁止其自刑罚执行完毕之日或者假释之日起从事相关职业，期限为3年至5年。被禁止从事相关职业的人违反人民法院依照前款规定作出的决定的，由公安机关依法给予处罚；情节严重的，依照本法第313条的规定定罪处罚。其他法律、行政法规对其从事相关职业另有禁止或者限制性规定的，从其规定"。

利益的追求不能凌驾于整个生态系统的利益之上。人类在保护生态环境的同时，也实现了对自身利益的保护，为后世子孙的生存与发展提供了机会。环境污染刑事治理在经济利益与环境利益之间做选择，应以环境利益为优先。环境污染的刑事治理不是应对环境风险的一时之举，而是人类面对环境污染的沉重现实和无法预估的环境风险在治理路径上作出的审慎选择。

常规式治理方式的建立，需要环境污染刑事治理主体提高刑事治理能力。而加强环保机关与公、检、法机关之间的协调联动是提高治理能力的关键之举。常规式治理的重点在于保证环境行政主管部门向公安机关依法移送案件，公安机关依法立案，以及人民检察院对行政执法、行政执法与刑事司法衔接以及刑事立案的监督，实现环境污染刑事犯罪案件在各机关之间的规范化运转。浙江省在环境污染刑事治理中积累了丰富经验。2012年3月，浙江省环保厅、省公安厅就联合出台关于建立环保公安部门环境执法联动协作机制的意见；2014年，浙江省环保厅、省公安厅、省人民检察院和省高级人民法院又相继发布《浙江省涉嫌环境污染犯罪案件移送和线索通报工作程序》和《浙江省涉嫌环境污染违法案件调查取证工作规程》等相关规定。截至2018年6月底，浙江已经在全国率先实现了省、市、县三级环保与公检法机关联络机构全覆盖。[1] 可见，常规式治理方式的实现需要完成自上而下的制度构建。此外，在刑事诉讼进行中，要实现行政证据和刑事证据的有效衔接、人民检察院对环境污染刑事治理的有效监督，本书将在后面部分详述。

三、环境污染行政执法与刑事司法之衔接

目前，我国刑事案件立案材料来源主要有4种：侦查机关或者监察机关自行发现的犯罪事实或者犯罪线索；单位或者个人的报案与举报；被害人的报案或者控告；犯罪行为人的自首。我国除监察机关有权对环境监管失职罪进行立案调查外，环境污染刑事案件的程序启动权主要在公安机关。由于环境污染具有行为隐蔽性、结果潜伏性的特点，单位或者个人主动报案启动污染环境罪的意愿和能力极为有限，环境警察提前介入污染环境案件还缺乏法律支持，我国环境污染刑事案件的主要来源是环境行政执法机关的移送。环境行政执法虽非环境刑事司法的必经程序，环境刑事司法对环境行政执法却极为依赖。环保机关"有案不移、有案难移、以罚代刑"是导致我国环境污染刑事诉讼启动困难的重要原因。

---

[1] 江帆、晏利扬："我省率先实现三级环保与公检法联络机构全覆盖——联合打击环境违法成常态"，《浙江日报》2018年7月4日，第2版。

与绿色发展基金会等。较之公民个体，环境保护社会组织在参与环境污染刑事治理时，具有团体性、专业性和实践性等优势。我国环保社会组织在环境污染治理中的参与不断增加。2018 年，全国法院共受理社会组织提起的环境民事公益诉讼案件 65 件，审结 16 件。然而在刑事治理领域，目前我国环境保护社会组织和环境犯罪的刑事侦查机关——公安机关之间缺乏协作，实质上环境影响评价机构、环境保护社会组织等也可成为公安机关刑事立案的重要材料来源。我国应加强环境保护社会组织对环境污染刑事司法启动的参与，发挥环境保护组织对违法企业、个人以及环境保护机关的监督作用。此外，部分环境犯罪案件涉及的区域广泛，侵害对象具有不特定性，危害程度极大，而且难以恢复，也可考虑赋予部分环境保护组织在检察机关没有提起刑事诉讼时，提起刑事诉讼以及刑事附带民事公益诉讼的权利。

第二节　污染环境罪之证据衔接

刑事司法证明包含取证、举证、质证与认证环节，囿于环境污染刑事司法较强的滞后性和专业性，我国司法机关在环境污染犯罪的司法证明中遇到诸多疑难问题。我国"刑事立法既定性又定量"的模式选择使得行政执法与刑事司法之间存在一定的交叉地带，行政证据与刑事证据如何衔接因而长期备受关注。2018 年《刑事诉讼法》第 54 条第 2 款（2012 年《刑事诉讼法》第 52 条第 2 款）规定，"行政机关在行政执法和案件查办过程中收集的物证、书证、视听资料、电子数据等证据材料在刑事诉讼中可作为证据使用"，这为行政证据转换为刑事证据提供了法律依据。然而，行政证据和刑事证据在证据收集主体、收集方式、收集内容、收集程序以及对证据的审查判断上都存在较大差异，刑事证据较之行政证据更为严格，刑法理论与司法实务针对如何解读现有法律，实现两者具体的衔接，还存在诸多认识上的分歧。行政证据与刑事证据的衔接是环境污染行政执法与刑事司法衔接的重要内容，我国目前行政证据与刑事证据衔接应明确如下问题。

一、立法"可作为证据使用"之理解

（一）"可作为证据使用"之理解争议

关于"证据"一词，可以从证据材料、证据能力抑或是定案根据三个层面进行解读。《刑事诉讼法》第 54 条第 2 款规定的证据归属于哪一层面，尚存在

下,人民检察院可以向行政执法机关提出检察建议。2017年《衔接工作办法》规定,"人民检察院发现环保部门不移送涉嫌环境犯罪案件的,可以派员查询、调阅有关案件材料,认为涉嫌环境犯罪应当移送的,应当提出建议移送的检察意见"。然而,上述移送监督的规定在实践操作中依然执行受阻。

首先,移送监督的程序启动较为被动。依照相关规定,我国目前只有"有关单位、个人举报,或者群众反映强烈"的案件,环境污染的检察监督程序才会启动。由于环境污染违法犯罪的间接性、隐蔽性、复杂性特点,检察机关、环境保护机关以及公安机关在环境行政执法与刑事司法衔接中存在严重的信息不对称,人民检察院环境污染检察监督的主动开启大多体现为个案,没有建立有效的常态性监督机制。检察机关在环境污染"两法衔接"中处于核心地位,但目前检察机关在移送监督上的主动介入机制还有待形成。

其次,检察机关移送监督职权的履行缺乏可操作性。环境污染行政执法是侦查机关发现环境犯罪的基本案件来源,充分发挥检察机关的专业优势和法律监督职能,对行政执法和移送活动进行监督意义重大。移送监督的法律依据《宪法》《人民检察院组织法》是原则性、抽象性的指导,不具有可操作性。

最后,检察建议权是一种柔性权力。相关法律没有规定被监督者有接受法律监督的义务和接受法律监督的具体程序。《衔接工作办法》规定,人民检察院认为涉嫌环境犯罪,环保部门应当移送的,应当提出建议移送的检察建议。我国刑事司法实践中,检察机关对环保部门的移送监督呈现弱化状态。在环境保护部门不接受检察建议,也拒不向公安机关移送案件时,检察监督实质上处于难以实现的尴尬境地。

(二)检察机关立案监督之问题分析

目前,我国对环境保护部门移送但是公安机关不立案的案件的程序性救济机制难以取得实效。我国检察机关的立案监督主要体现在《刑事诉讼法》第113条,"人民检察院认为公安机关对应当立案侦查的案件而不立案侦查,或者被害人认为公安机关对应当立案侦查的案件而不立案侦查,向人民检察院提出的,人民检察院应当要求公安机关说明不立案的理由。人民检察院认为公安机关不立案的理由不能成立的,应当通知公安机关立案。"针对如何具体理解立案监督,2019年《人民检察院刑事诉讼规则》第564条规定,"公安机关在收到通知立案书或者通知撤销案件书后超过15日不予立案或者既不提出复议、复核也不撤销案件的,人民检察院应当发出纠正违法通知书。公安机关仍不纠正的,报上一级人民检察院协商同级公安机关处理";2012年《公安机关办理刑事案件程序规定》第179条第2款规定,"人民检察院通知公安机关立案的,公安机关应当收到通知后 15 日内立案，并将立案决定书复印件送达人民检察院"；最高人民检察院与公安部《关于刑事立案监督有关问题的规定（试行）》也对此作出相应规定。综上，人民检察院在刑事立案监督中有知情权、质询权、调查核实权、督促权和纠正权等。依照上述规定，我国检察机关虽然被赋予刑事立案监督权，但是在公安机关对环境污染案件应当立案而不立案时，最终的监督手段仅限于提出监督建议，检察机关既无法强制，也无法取代公安机关启动立案程序，在公安机关不接受监督建议时，便难以采取进一步措施。检察机关立案监督权缺乏刚性，导致监督权力的实际执行效果有所减弱。

此外，按照 2007 年《关于环境保护行政主管部门移送涉嫌环境犯罪案件的若干规定》（现已失效）第 7 条规定，对于公安机关不接受环保部门移送的涉嫌环境犯罪案件，或者逾期不作出立案或不立案决定的，环保部门有权报告本级或者上级人民政府责令改正。但是被追责的环保企业往往与地方政府实则为利益共同体，程序救济机制很难取得实效，而且人民政府的性质是行政机关，公安机关在对环境污染犯罪案件立案侦查时是在行使司法职权，也有行政权力入侵司法权之嫌，此种救济方式显然存在问题。

三、环境污染刑事司法监督之完善路径

检察机关对环境污染的监督较为广泛，就监督范围而言包含环境污染行政执法检察监督、环境污染刑事司法检察监督、环境污染行政执法与刑事司法衔接检察监督；就监督方式而言，环境污染检察监督融合了刚性监督与柔性监督。

（一）刑事司法监督范围之明确

第一，检察机关环境污染行政执法与刑事司法衔接监督。加强检察机关环境污染行政执法与刑事司法衔接监督，对严肃惩治环境污染违法犯罪行为具有重要意义。检察机关监督的范围不仅体现在对公安机关的立案监督，而且体现在监督行政执法机关及时移送涉嫌犯罪的案件，使涉嫌犯罪的案件能够顺利进入刑事诉讼程序。检察机关对环境保护部门行政执法与案件移送要提前介入。对此，应当进一步细化和完善《行政执法机关移送涉嫌犯罪案件的规定》第 14 条第 1 款，规定检察机关对于移送监督的具体流程，并探索建立案件移送备案查询制度、专项立案监督制度等配套性制度，将环境行政执法机关的活动纳入检察监督的领域内。

第二，检察机关对环境污染刑事司法的监督体现在诉讼全过程，包含立案监督、侦查监督、审判监督与执行监督。检察机关环境污染犯罪立案监督体现在对环境执法机关是否将案件移送公安机关进行监督以及对公安机关对环境执

法机关移送但公安机关拒不立案情况进行监督；侦查监督是人民检察院刑事诉讼法律监督的重要组成部分，通过侦查监督，检察机关可以发现公安机关和侦查人员在侦查活动中违反法定程序的行为和刑讯逼供等违法犯罪行为。依据2019年《人民检察院刑事诉讼规则》第567条规定，侦查监督的内容共有20项，侦查监督的方式主要为检察机关针对侦查活动违法情况发出纠正违法通知书。审判监督主要体现在检察机关二审和再审程序中的抗诉监督等。

（二）检察机关立案监督效果之落实

刑事检察机关的刚性监督虽然来源于法律的直接授权，但却同样需要被监督对象的支持与配合，并不必然产生刚性的法律效果。正如前文所述，我国刑事司法实践中，检察机关的刚性法律监督方式常常出现弱化甚至缺位现象。为增加检察机关的法律监督，维护司法公正，截止到2011年8月上旬，全国已有30个省、自治区、直辖市人民代表大会常务委员会出台决议，加强检察机关法律监督的刚性。如河北省人民代表大会出台的决议规定了被监督机关的法定职责与义务，明确了相应法律后果，增强了法律监督的效力。以立案监督为例，对于法律法规没有规定公安机关应向检察机关提供执法信息，检察机关立案监督的材料来源十分有限，监督工作难以展开的情况，决议明确规定"检察机关因实施法律监督需要，有必要调取、查阅相关案卷材料的，侦查机关应当积极配合"，保障了检察机关法律监督的知情权。① 检察机关也应切实认识到自身的法律监督职权，要做到"依法监督、规范监督、敢于监督和善于监督"，加强法律监督的刚性。

关于检察机关立案监督的落实，《人民检察院刑事诉讼规则》第564条规定，"公安机关在收到通知立案书或者通知撤销案件书后超过15日不予立案或者既不提出复议、复核也不撤销案件的，人民检察院应当发出纠正违法通知书。公安机关仍不纠正的，报上一级人民检察院协商同级公安机关处理"。可见，人民检察院在公安机关不接受立案监督时的做法是"报上一级人民检察院协商同级公安机关处理"，这种做法不能有效保证检察机关立案监督权的落实。有学者建议，"公安机关仍不纠正的，人民检察院应当向人民政府提出检察建议"②。我国公安机关接受上一级公安机关和同级人民政府的双重领导。相比上一级公安机关，公安机关是同级人民政府的组成部门，在人事、财政和日常工作等方面更受制于同级人民政府。我国《宪法》第138条规定，"最高人民检

---

① 徐盈雁："人大决议推动法律监督维护法治权威"，载《检察日报》2011年8月15日。
② 赵旭光："'两法衔接'中的有效监督机制——从环境犯罪行政执法与刑事司法切入"，载《政法论坛》2015年第33卷第6期，第155页。

察院对全国人民代表大会和全国人民代表大会常务委员会负责。地方各级人民检察院对产生它的国家权力机关和上级人民检察院负责"。我国政治体制中常称的一府两院一委，一府是指"人民政府"，两院是指"人民检察院、人民法院"，一委是指"监察委"。人民检察院在层级上完全可以向同级人民政府提出建议。鉴于公安机关上下级之间的领导关系，上级公安机关可以对下级公安机关立案、侦查的案件介入和指导，因而，本书认为可以将《人民检察院刑事诉讼规则》第564条修改为"公安机关仍不纠正的，报上一级人民检察院协商同级公安机关处理或者直接向同级人民政府提出检察建议"。

（三）检察机关柔性监督方式之加强

人民检察院对环境污染刑事司法的监督既体现为刚性监督，也体现在为实现环境污染刑事治理的应然需求而进行的柔性监督。

检察机关在环境污染刑事司法监督中，应树立理性、平和、文明、规范的执法理念，将柔性监督作为刚性监督的有效补充，以实现更好的监督效果。柔性监督，是指检察机关在依法履行法律监督职能过程中，通过完善具体工作方式和工作方法而形成的监督手段。柔性监督具有非强制性和约束性，因而更易为被监督者所接受和认同。①

检察建议是检察机关柔性监督最为重要的方式，依照《人民检察院检察建议工作（试行）》第2条之规定，"检察建议是人民检察院依法履行法律监督职责，参与社会治理，维护司法公正，促进依法行政，预防和减少违法犯罪，保护国家利益和社会公共利益，维护个人和组织合法权益，保障法律统一正确实施的重要方式"。检察机关针对履行法律监督职能过程中发现的制度缺陷与管理漏洞，提出检察建议，能够使个案的效果延伸到整个社会管理体制的完善，非诉讼的检察建议虽为柔性监督，但能有效弥补刚性监督的不足，有助于环境污染犯罪的预防与惩治。

为预防环境污染违法犯罪，检察机关的检察建议主要包括针对有较大环境隐患、损害环境问题单位（企业）发出的检察建议和对环境类案件侦查、审判中违法问题发出的检察建议。环境检察建议如何取得实效，一些地方探索推行检察建议公开宣告、公开送达，以及争取当地党委、政府、人大、政协等部门对检察建议工作的支持。② 检察建议的公开敦促检察机关提高检察建议的质量，提高检察建议的说理性。

---

① 李乐平："诉讼监督，也须刚柔相济"，载《检察日报》2011年12月13日。
② 王敏远："检察建议工作面临的新情况与新思路"，载《人民检察》2018年第25卷第16期，第26页。

第四节　推进设立环境警察制度

一、环境警察制度设立之意义

人类社会发展至今，生态环境治理问题已经超越了环境问题本身，成为一国重要的民生问题。由于环境行政执法具有天然的柔性，缺乏强制执行力，无法满足环境政策的应然需求，而环境行政执法和环境刑事司法之间往往难以衔接，环境警察制度在各国应运而生。环保警察制度是指公安机关在法定职责范围内，运用警察权对在环境与资源保护领域的违法行为实施制裁，对犯罪行为进行侦查的一系列法律制度的总称。[①] 环境警察制度的设立具有重要的实践意义。

第一，弥补环保行政机关执法能力的不足。2014年3月—2015年3月，北京市环保局执法数据显示，因环境违法受罚的企业中，98.5%属中小企业。[②]《2013—2014河北发展蓝皮书（总报告）》曾指出，小型重化企业和污染型轻工企业是环境污染的一大重要原因。浙江省环境污染也以中小企业、小型加工厂等为主要污染源。我国环保机关没有直接的强制执法权，面对执法对象拒不执行环境处罚决定或者不停止环境违法行为时，往往束手无策。环保行政机关普遍面临执法乏力、行动滞后、取证困难的局面。环境警察具有强制执行权和侦查权，能够有效收集行政执法和刑事司法的证据，环境警察制度提高了环境行政执法的威慑力，保护了环境生态安全。

第二，预防和惩治环境犯罪。我国污染环境罪的刑事司法裁判长期处于空缺状态，环境行政执法与刑事司法衔接不畅是其重要原因。环境行政机关的行政执法权力在行政执法和刑事司法衔接中具有局限性。环境污染违法与犯罪行为往往具有隐蔽性，大量排放、倾倒、处置有害物质的行为是在夜间秘密进行的，环境保护机关追查和监管的难度很大，以致延误了环境污染犯罪案件的追诉，同时环保机关作为行政机关，发现犯罪线索进而取样，上报省级环保机关鉴定，再将案件移送到公安机关，工作流程进展较为缓慢。环境警察的提前介入，无疑提高了环境污染案件的办案效率。环境警察制度强化了环境执法能力，特别是增强了环保行政机关对违法案件的调查能力以及对刑事案件的发现与移

[①] 邢捷：《现代环境警察制度》，武汉大学2015年博士学位论文，第11页。
[②] 方问禹、倪元锦、夏军："中小企业偷排偷放成'污染'重要元凶"，载《经济参考报》2015年3月2日，第7版。

交能力，该制度的设立回应了我国环境污染的严峻现实，有助于缓解当前普遍存在的环境风险，严密刑事法网，完善我国环境犯罪惩治体系，使其更具有威慑力，从而更好地预防和惩治环境犯罪。

二、域外环境警察制度之借鉴

20 世纪 90 年代以来，环境警察制度受到一些国家与地区的青睐。德国、美国、法国、俄罗斯等国家纷纷设立环境警察制度。环境警察在上述国家环境犯罪治理中发挥重要作用。

美国联邦和各州分别设立环境警察制度。美国联邦司法部内设环境犯罪侦查局（Environmental Crimes Section）负责对环境犯罪的追诉；联邦环境保护署（Environmental Protection Agency）也内设环境犯罪刑事侦查机构，可以行使携带武器、讯问、执行法庭搜查令等警察权力。美国各州如纽约州、宾夕法尼亚州、马萨诸塞州等，也设有地方环境警察。如宾夕法尼亚州设有环境犯罪局，负责进行环境犯罪的侦查和起诉，环境犯罪局负责对违反州法律，如《固体废弃物管理法》《河道清洁法》《传染病及化学疗法废弃物管理法》等的违法者行使搜查、逮捕、监视居所等刑事执行权。[1]

德国是世界上环境保护法律最为完备、最为详细的国家之一。《德国基本法》第 20 条之一规定，"于合宪秩序范围内保障自然之生活环境"，联邦和各州共有环境保护法律法规 9000 余部，环境警察制度规定因此较为完备。德国联邦环境警察隶属于内务部，此外各州均设有环境警察队伍。环境警察负责监督垃圾分类与清运、监控大气、行政执法等，在德国环境保护中发挥重要作用。

1996 年，俄罗斯首都莫斯科建立了全国首支环境警察队伍。环境警察的职责主要体现在：一是预防环境犯罪和生态违法；二是为环境保护机关及工作人员的正常活动及安全提供保障；三是对城市与其他自然保护区提供监管；四是加强对公众的环境教育。[2] 环境警察允许持有武器，面对环境污染违法行为时可以强制执法，也促进了刑事案件被移送至检察部门提起刑事诉讼的效率。

我国台湾地区行政部门于 1977 年设置 "环境保护警察队任务编组"，负责协助 "环境保护署"，并配合取缔违反 "环保刑事法令" 的稽查行动，维护环境资源。[3]

---

[1] 邢捷：《现代环境警察制度》，武汉大学 2015 年博士学位论文，第 91 页。
[2] 曾文革、陈娟丽："国外环保警察及启示"，载《环境保护》2010 年第 38 卷第 21 期，第 64 页。
[3] 李兆东、马鸿文、邹伦："台湾地区环境治理的经验与借鉴"，载《台湾地区集刊》2016 年第 34 卷第 2 期，第 67 页。

三、我国环境警察制度之尝试

近年来，我国一些地区如河北、云南、贵州、北京、广东、山东、辽宁等省、自治区、直辖市相继成立环境警察队伍，对环境警察制度展开有益尝试。2006 年 3 月，河北省安平县成立安平县环境保护派出所，可谓环境警察制度在我国的初创。2008 年 10 月，云南省昆明市公安局成立全国第一支环境警察队伍。2013 年，河北省成立全国第一支覆盖省、市、县三级的环境安全保卫队伍。① 2014 年 10 月，广东省佛山市公安局经侦支队环境犯罪侦查大队和顺德区公安局经侦大队环保中队同时成立。2015 年，江苏省公安厅设立食品药品和环境犯罪侦查总队。2017 年 1 月，北京市公安局环境食品药品和旅游安全保卫总队成立，下设环境保护支队。

我国各地环境警察制度的探索无疑取得了积极成效。自 2015 年年初重庆环境警察队伍组建以来，公安机关侦破环境资源保护刑事案件近 3000 起，2300 余名犯罪嫌疑人因破坏自然环境被追究刑事责任。② 北京市环境警察 2017 年共办理环境领域违法犯罪案件 252 起，其中刑事案件 145 起，破案 69 起，刑事拘留 233 人，行政案件 107 起，行政拘留 124 人。③ 然而，由于缺乏明确的法律依据和国家层面的制度构建，环境警察制度在我国目前始终停留在地方尝试阶段。环境警察制度的构建还面临如何厘清环保部门和公安机关等机关之间的权力职责问题。此外，环境污染领域专业性强，环境污染取证难度大，司法鉴定成本很高也是其面临的重要疑难问题。

四、环境警察制度之法律构建

目前环境警察制度在我国还没有明确的法律依据，理论与实务界对如何理顺环境警察与其他部门之间的关系以及环境警察的权力如何配置也存有较大争议。我国应有环境警察制度之法律构建。

（一）明确环境警察制度的法律依据

环境法治发达国家普遍通过法律确认环境警察制度的存在，并明确环境警察的职权范围。如德国环境警察制度的设立以《德国基本法》为根本依据，以联邦和各州《警察法》为具体依据，法律对环境警察的职责权限、管辖冲突处

---

① 刘子阳：" 环保警察是如何执法的"，载《法制日报》2018 年 6 月 6 日。
② 陈国洲："重庆：'环保 + 警察'铸就绿水青山守护利剑"，http：//www.xinhuanet.com/。
③ 胡爱华："北京：环保警察 雷霆出击"，载《现代世界警察》2018 年第 3 卷第 3 期，第 17 页。

理等均作出系统规定。① 我国《环境保护法》第10条规定,"县级以上人民政府有关部门和军队环境保护部门,依照有关法律的规定对资源保护和污染防治等环境保护工作实施监督管理",此处的"有关部门"包含公安机关。《人民警察法》规定,人民警察的职权之一是预防、制止和侦查违法犯罪活动,此处的"违法犯罪活动"也包括环境违法犯罪活动。然而,相比其他国家,我国法律关于环境警察制度的规定并不明确。对此,我国应通过《人民警察法》明确环境警察的职权和建制,在第6条职权部分增加规定"环境违法与犯罪行为的惩治与预防",在规定环境警察制度的同时在环境保护法中赋予环境警察强制执行的权力。

(二) 确立环境警察的机构设置

世界范围内,环境警察的机构设置或隶属于国家最高警察部门或隶属于国家的环境行政主管部门,又或者由地方政府与警察部门联合组建环境警察队伍。② 英国环境警察隶属于环境局之下的国家环境犯罪调查组;德国环境警察隶属联邦内政部的环境司。环境警察机构在我国司法实践中主要采取三种模式:专职隶属公安机关模式、公安派驻环保部门模式或者公安和环保部门联合执法模式。河北省安平县环境警察由公安局派驻到环保局,与环保局法规科合署办公属于第一种模式;山东省公安厅内设食品药品与环境犯罪侦查总队、云南省昆明市公安局设立环保分局等属于第二种模式;广东省佛山市公安局、环保局正式成立联合执法办公室,加强市、区环保部门和公安机关的联动属于第三种模式。上述三种模式可谓各具特色,目前我国公安机关下设环境犯罪侦查机构是各地采取的主要模式。环境警察隶属于公安机关能够保障其行使刑事侦查权和行政执法权,为保证环境警察执法的独立与高效,我国立法应赋予环境警察较高的级别,同时鉴于环境保护领域的专业性,将环境警察设置于设区一级市的公安机关较为可行。环境警察在行使职权中与环境保护部门要进行联动协作,因而,在编制上环境警察属于公安机关,但可在环境保护部门派驻联络室,保证对环境污染违法犯罪行为的及时介入。

(三) 厘清环境警察的职责范围

环境犯罪侵害的法益包含环境法益、传统的人身、财产、生活安宁等人类法益以及国家环境管理秩序。各国环境警察的职责范围大多较为广泛,如俄罗

---

① 曾文革、陈娟丽:"国外环保警察及启示",载《环境保护》2010年第38卷第21期,第65页。
② 邢捷:"论我国环境警察制度的构建",载《中国人民公安大学学报》2012年第28卷第2期,第36页。

斯环境警察的职责包括：预防环境犯罪和行政违法；为环境保护机关及工作人员行政执法提供保障以及对城市和其他自然保护区实行监管职责等。① 我国环境警察的职责主要体现在：一是查处和侦办破坏环境与资源保护的犯罪行为。环境污染犯罪案件是重要的案件类型之一。案件来源包括自己主动侦办的环境与资源保护犯罪案件和环保机关移送的环境与资源保护犯罪案件。二是预防破坏环境与资源保护的违法与犯罪。环境警察制度的设置目的在于惩戒和预防，环境警察制度增加了环境行政管理和行政执法的威慑力，更有助于预防环境违法犯罪活动。三是为环境保护机关及工作人员执法提供保障等。

环境保护部门具有行政监管权，而环境警察既具有行政执法权力，又行使刑事侦查权力，环保机关和环境警察的行政权力之间不可避免会发生交叉。环境警察主要预防和侦查环境违法犯罪，对重大案件的现场处置，为环保部门的环境执法行为提供保障。当然，环境污染犯罪案件的侦查，由环保警察进行。

---

① 邢捷："论我国环境警察制度的构建"，载《中国人民公安大学学报》2012年第28卷第2期，第37页。

结 语

1972年联合国人类环境会议在瑞典斯德哥尔摩召开，会议通过了《人类环境宣言》，提出每年的6月5日为"世界环境日"。第27届联合国大会接受建议，宣布每年的6月5日为"世界环境日"，环境保护问题开始引发全世界的关注。污染环境罪的刑事惩治背后体现的是国家在经济发展和生态环境发生矛盾冲突时的艰难选择，如何提升环境污染刑事司法效能是一个极其复杂的课题。党的十八大以来，党中央将生态文明建设纳入中国特色社会主义事业五位一体的总体布局。环境刑法的立法理念由人类中心主义伦理观向生态中心主义伦理观转变。污染环境罪的刑事司法日益严厉，污染环境罪的刑事司法裁判数量激增。然而，环境污染刑事惩治不是刑法部门法内部的事情，司法困境的破解需要形成制度上的合力，环境污染司法困境的挑战需要环境刑法与刑事诉讼法的共同应对。

污染环境罪刑事政策受到环境政策和宽严相济基本刑事政策的制约，应注重保护环境和经济发展之间的和谐发展，在严厉惩治污染环境犯罪同时，应体现宽严相济的刑事政策，注重对污染企业的政策引导，从而实现对环境污染犯罪良好的刑事治理。环境污染刑事实体法应恪守刑法谦抑性，维护环境刑法之独立，突出保护环境法益，准确界定抽象危险犯之边界，采取双重罪过形态，严格限定共犯处罚范围，充分发挥单位犯罪之效能；环境污染刑事程序法应丰富立案来源，鼓励公众参与刑事程序启动，明确行政证据与刑事证据的衔接，加强人民检察院对环境刑事司法的监督。

我国环境污染刑事立法日臻完善，环境刑事司法在官方自上而下的积极推动下，也取得了一定的实效。但在环境刑法与经济发展的关系中，环境刑法虽能在一定程度上优化产能结构，起到避免劣币驱除良币的影响，但却终究是只治标而无法治本，执法只能遏制环境无序恶化，却不能配置资源，不能解决发展不足的问题。① 我国是处于转型时期的发展中国家,地方政府面临着经济增长压力、劳动力就业压力以及资源、信息不足等多重考验,这是阻滞我国地方环境污染治理的重要原因。环境污染刑事裁判文书是我国环境污染刑事司法现状的重要载体。不可否认,环境污染刑事司法受制于诸多因素,真正实现我国环境刑法法益保护的机能仍任重而道远。由于环保部门隶属于地方政府,某些地区地方保护主义严重,环境犯罪案件是否能被移送司法程序极易演变为地方政治、经济与社会利益博弈的结果,再加上我国基层环境保护执法力量薄弱,一些地区尤其是以重工业为主的欠发达区域还不乏刑事案件未纳入我国环境污染刑事司法的惩治范围的情况,环境污染领域仍存有一定的犯罪黑数,这也是影响环境污染刑事司法裁判数量的一个重要因素。当今中国,环境问题已经成为国家和民众高度关注的话题。我国当前应积极推行绿色 GDP 理念,促进经济增长与环境保护和谐发展,这需要环境刑事司法能力的提升,环境行政执法与环境刑事司法之间的有效衔接,需要经济领域产业结构的转型,实现经济与环境之间有序的良性发展。

对污染环境罪刑事惩治重点与难点问题的研究对丰富污染环境罪的基本理论、为刑事司法实践提供参考,进而探索我国环境污染刑事治理之路具有重要意义。本书写作还存在诸多疏漏,恳请各位学界前辈不吝赐教。

---

① 常纪文:"解决环境问题需要大视野大战略",载《经济参考报》2015 年 3 月 10 日,第 8 版。

参考文献

一、学术著作

（一）中文类

1. 刘仁胜．生态马克思主义概论［M］．北京：中央编译出版社，2007．
2. 陆学艺．当代中国社会结构［M］．北京：社会科学文献出版社，2010．
3. 高铭暄、马克昌．刑法学［M］．北京：北京大学出版社、高等教育出版社，2016．
4. 马克昌．近代西方刑法学说史略［M］．北京：中国检察出版社，2004．
5. 马克昌．犯罪通论［M］．武汉：武汉大学出版社，1999．
6. 马克昌．中国刑事政策学［M］．武汉：武汉大学出版社，1992．
7. 陈兴良．共同犯罪论［M］．北京：中国人民大学出版社，2017．
8. 陈兴良．刑法的知识转型［M］．北京：中国人民大学出版社，2017．
9. 陈兴良．本体刑法学［M］．北京：中国人民大学出版社，2017．
10. 张明楷．刑法学［M］．北京：法律出版社，2016．
11. 张明楷．刑法的私塾［M］．北京：北京大学出版社，2014．
12. 张明楷．外国刑法纲要［M］．北京：清华大学出版社，2007．
13. 张明楷．刑法的基本立场［M］．上海：商务印书馆，2019．
14. 梁根林．刑事政策：立场与范畴［M］．北京：法律出版社，2005．
15. 柳忠卫．刑事政策与刑法关系论［M］．北京：法律出版社，2015．
16. 杨春洗．刑事政策论［M］．北京：北京大学出版社，1994．
17. 卢建平．刑事政策与刑法［M］．北京：中国人民公安大学出版社，2004．
18. 黎宏．刑法总论问题思考［M］．北京：中国人民公安大学出版社，2007．
19. 黎宏．单位刑事责任论［M］．北京：清华大学出版社，2001．

20. 谢望原．刑事政策与刑法专论［M］．北京：中国人民大学出版社，2017．
21. 车浩．阶层犯罪论的构造［M］．北京：法律出版社，2017．
22. 车浩．刑法教义的本土形塑［M］．北京：法律出版社，2017．
23. 曲新久．刑事政策的权力分析［M］．北京：中国政法大学出版社，2002．
24. 侯宏林．刑事政策的价值分析［M］．北京：中国政法大学出版社，2005．
25. 劳东燕．风险社会中的刑法：社会转型与社会理论的变迁［M］．北京：北京大学出版社，2015．
26. 焦艳鹏．刑法生态法益论［M］．北京：中国政法大学出版社，2012．
27. 赵红艳．环境犯罪定罪分析与思考［M］．北京：人民出版社，2013．
28. 赵星．环境犯罪论［M］．北京：中国人民公安大学出版社，2011．
29. 蒋兰香．环境犯罪基本理论研究［M］．北京：知识产权出版社，2008．
30. 蒋兰香．污染型环境犯罪因果关系证明研究［M］．北京：中国政法大学出版社，2014．
31. 胡雁云．环境犯罪及其刑事政策研究［M］．北京：法律出版社，2018．
32. 冯军、敦宁．环境犯罪刑事治理机制［M］．北京：法律出版社，2018．
33. 李希慧、董文辉、李冠煜．环境犯罪研究［M］．北京：知识产权出版社，2013．
34. 吴献萍．环境犯罪与环境刑法［M］．北京：知识产权出版社，2010．
35. 陈自强．环境犯罪的本质及其展开［M］．成都：四川大学出版社，2017．
36. 侯艳芳．环境资源犯罪常规性治理研究［M］．北京：北京大学出版社，2017．
37. 刘泽鑫．污染环境罪客观构成要件要素研究［M］．北京：中国政法大学出版社，2019．
38. 傅学良．刑事一体化视野中的环境刑法研究［M］．北京：中国政法大学出版社，2015．
39. 赵秉志．环境犯罪及其立法完善研究［M］．北京：北京师范大学出版社，2011．

40. 赵秉志、王秀梅、杜澎［M］．环境犯罪比较研究，北京：法律出版社，2004．

41. 付立忠．环境刑法学［M］．北京：中国方正出版社，2001．

42. 韩忠谟．刑法原理［M］．北京：北京大学出版社，2009．

43. 卢永鸿．中国内地与香港环境犯罪的比较研究［M］．北京：中国人民公安大学出版社，2005．

44. 柯耀程．变动中的刑法思想［M］．北京：北京大学出版社，2003．

45. 柯耀程．刑法的思与辨［M］．北京：中国人民大学出版社，2008．

46. 张丽卿．刑法总则理论与运用［M］．台北：五南图书出版公司，2012．

47. 郑昆山．环境刑法之基础理论［M］．台北：五南图书出版公司，1999．

48. 黄翰义．刑法总则新论［M］．台北：元照出版有限公司，2010．

49. 许玉秀．当代刑法思潮［M］．北京：中国民主法制出版社，2005．

50. 陈子平．刑法总论［M］．北京：中国人民大学出版社，2009．

51. 蔡墩铭．现代刑法思潮与刑事立法［M］．台北：汉林出版社，1977．

52. 黄荣坚．基础刑法学［M］．北京：中国人民大学出版社，2009．

53. 林钰雄．新刑法总则［M］．台北：元照出版公司，2018．

54. 彭勃编译．英国警察与刑事证据法规精要［M］．厦门：厦门大学出版社，2014．

55. 叶俊荣．环境政策与法律［M］．北京：中国政法大学出版社，2003．

56. ［德］克劳斯·罗克辛．德国刑法总论（第2卷）［M］．王世洲等，译．北京：法律出版社，2013．

57. ［德］汉斯·海因里希·耶赛克、托马斯·魏根特．德国刑法教科书［M］．徐久生，译．北京：中国法制出版社，2017．

58. ［德］约翰内斯·韦塞尔斯．德国刑法总论［M］．李昌珂，译．北京：法律出版社，2008．

59. ［德］克劳斯·罗克辛．刑事政策与刑法体系［M］．蔡桂生，译．北京：中国人民大学出版社，2011．

60. ［德］汉斯·韦尔策尔．目的行为论导论——刑法理论的新图景［M］．陈璇，译．北京：中国人民大学出版社，2015．

61. ［德］乌尔斯·金德霍伊泽尔．刑法总论教科书［M］．蔡桂生，译．北京：北京大学出版社，2015．

62. ［德］乌尔里希·贝克．世界风险社会［M］．吴英姿，译．南京：南京大学出版社，2005.

63. ［德］埃里克·希尔根多夫. 德国刑法学：从传统到现代［M］. 江溯、黄笑岩等，译. 北京：北京大学出版社，2015.

64. ［德］冈特·施特拉腾韦特、洛塔尔·库伦. 刑法总论 I——犯罪论［M］. 杨萌，译. 北京：法律出版社，2006.

65. ［日］高桥则夫. 规范论和刑法解释论［M］. 戴波、李世阳，译. 北京：中国人民大学出版社，2011.

66. ［日］高桥则夫. 共犯体系和共犯理论［M］. 冯军、毛乃纯，译. 北京：中国人民大学出版社，2010.

67. ［日］曾根威彦. 日本刑法精义［M］. 黎宏，译. 北京：中国检察出版社，2004.

68. ［日］曾根威彦. 刑法学基础［M］. 黎宏，译. 北京：法律出版社，2005.

69. ［日］藤木英雄. 公害犯罪［M］. 丛选功等，译. 北京：中国政法大学出版社，1992.

70. ［日］小野清一郎. 犯罪构成要件理论［M］. 王泰，译. 北京：中国人民公安大学出版社，2004.

71. ［日］山口厚. 刑法总论［M］. 付立庆，译. 北京：中国人民大学出版社，2018.

72. ［日］大谷实. 刑法讲义总论［M］. 黎宏，译. 北京：中国人民大学出版社，2008.

73. ［日］松宫孝明. 刑法总论讲义［M］. 钱叶六，译. 北京：中国人民大学出版社，2013.

74. ［日］前田雅英. 刑法总论讲义［M］. 曾文科，译. 北京：北京大学出版社，2017.

75. 大谷实. 刑事政策学［M］. 黎宏，译. 北京：中国人民大学出版社，2009.

76. ［日］西原春夫. 犯罪实行行为论［M］. 戴波、江溯，译. 北京：北京大学出版社，2006.

77. ［俄］Н·Ф·库兹涅佐娃、И·М·佳日科娃主编. 俄罗斯刑法教程（总论）上卷·犯罪论［M］. 黄道秀，译. 北京：中国法制出版社，2002.

78. ［俄］Л·В·伊诺加莫娃—海格主编. 俄罗斯联邦刑法（总论）［M］. 黄芳、刘洋、冯坤，译. 北京：中国人民大学出版社，2010.

79. ［英］威廉姆·威尔逊. 刑法理论的核心问题［M］. 谢望原、罗灿、王波,译. 北京:中国人民大学出版社,2014.

80. [法]米海依尔·戴尔玛斯-马蒂. 刑事政策的主要体系[M]. 卢建平,译. 北京:法律出版社,2000.

81. [美]约翰·罗尔斯. 正义论[M]. 何怀宏、何包钢、廖申白,译. 北京:中国社会科学出版社,1988.

82. [美]E·博登海默. 法理学:法律哲学与法律方法[M]. 邓正来,译. 北京:中国政法大学出版社,1999.

83. [意]杜里奥·帕多瓦尼. 意大利刑法学原理[M]. 陈忠林,译. 北京:中国人民大学出版社,2004.

(二) 外文类

1. Claus Roxin, Taterchaft und Tatherrschaft, De GruyterRecht, 8. Aufl, 2006.

2. Kienapfel, Das Prinzip der Einheitst terschaft, JuS 1974.

3. Herzberg, Rolf Dietrich, Täterschaft und Teilnahme, Eine Systematische Darstellung anhand von Grundfällen, 1977.

4. Claus Roxin, Strafrecht Allgemeiner Teil II, 4. Aufl, C. H. Beck, 2006.

5. [日]伊东研右. 环境刑法研究序说[M]. 东京:成文堂,2003.

6. [日]中山研一. 环境刑法概说[M]. 东京:成文堂,2003.

7. [日]西田典之. 环境犯罪与证券犯罪[M]. 东京:成文堂,2009.

8. [日]井田良. 刑法总论の理论构造[M]. 东京:成文堂,2005.

9. [日]中山研一. 刑法总论の基本问题[M]. 东京:成文堂,1974.

10. [日]平野龙一. 刑法总论 II [M]. 东京:有斐阁,1975.

11. [日]泷川幸辰. 犯罪论序说[M]. 东京:有斐阁,1947.

12. [日]曾根威彦. 刑法总论[M]. 东京:弘文堂,2008.

13. [日]大越义久. 共犯の处罚根据[M]. 东京:青林书院新社,1981.

14. [日]曾根威彦. 刑法の重要问题(总论)[M]. 东京:成文堂,2005.

15. [日]高桥则夫. 刑法总论[M]. 东京:成文堂,2010.

16. [日]团藤重光. 刑法纲要总论[M]. 东京:创文社,1990.

17. [日]川端博. 共犯の理论[M]. 东京:成文堂,2008.

18. [日]浅田和茂. 刑法总论[M]. 东京:成文堂,2005.

19. [日]山中敬一. 刑法总论[M]. 东京:成文堂,2005.

20. [日]川端博对谈集. 现代刑法理论の现状课题[M]. 东京:成文堂,2005.

21. [日] 曾根威彦、松原芳博等编. 重点课题刑法总论 [M]. 东京: 成文堂, 2008.

22. [日] 佐久间修. 刑法总论 [M]. 东京: 成文堂, 2009.

二、学术论文

(一) 中文类

1. 吕忠梅、张忠民、熊晓青. 中国环境司法现状调查——以千份环境裁判文书为样本 [J]. 法学, 2011, 34 (4).

2. 王树义、冯汝. 我国环境刑事司法的困境及其对策 [J]. 法学评论, 2014, 35 (3).

3. 李崇富. 马克思主义生态观及其现实意义 [J]. 湖南社会科学, 2011, 24 (1).

4. 曹明德. 从人类中心主义到生态中心主义伦理观的转变——兼论道德共同体范围的扩展 [J]. 中国人民大学学报, 2002, 16 (3).

5. 杨通进. 环境伦理学的三个理论焦点 [J]. 哲学动态, 2002, 24 (5).

6. 刘艳红. 环境犯罪刑事治理早期化之反对 [J]. 政治与法律, 2015, 34 (7).

7. 邹清平. 论危害环境罪 [J]. 法学评论, 1986, 7 (3).

8. 马克昌. 危险社会与刑法谦抑原则 [J]. 人民检察, 2010, 17 (3).

9. 宋伟卫. 公众参与型环境犯罪治理模式之提倡 [J]. 山东警察学院学报, 2014, 21 (5).

10. 董邦俊. 论我国环境行政执法与刑事司法之衔接 [J]. 中国地质大学学报: 社会科学版, 2013, 13 (6).

11. 汪维才. 污染环境罪主客观要件问题研究——以《中华人民共和国刑法修正案（八）》为视角 [J]. 法学杂志, 2011, 32 (8).

12. 钱小平. 环境法益与环境犯罪司法解释之应然立场 [J]. 社会科学, 2014, 36 (8).

13. 吴贤静. 生态人的理论蕴涵及其对环境法的意义 [J]. 法学评论, 2010, 31 (4).

14. 竺效、丁霖. 绿色发展理念与环境立法创新 [J]. 法制与社会发展, 2016, 22 (2).

15. 赵星. 论环境法对传统法学理论的挑战 [J]. 法学论坛, 2014, 29 (5).

16. 赵星．我国环境行政执法对刑事司法的消极影响与应对［J］．政法论坛，2013，35（2）．

17. 单民．浅析达标排污致损负刑事责任的理论可能性［J］．法学杂志，2013，34（5）．

18. 陈君．论疫学因果关系在污染环境罪中的适用［J］．北京理工大学学报：社会科学版，2011，13（6）．

19. 苏永生．污染环境罪罪过形式之体系解释［J］．山东警察学院学报，2014，21（3）．

20. 苏永生．污染环境罪的罪过形式研究——兼论罪过形式的判断基准及区分故意与过失的例外［J］．法商研究，2016，32（2）．

21. 苏永生．德国刑法中的双重罪过立法及其对我国的借鉴意义［J］．法学杂志，2018，39（12）．

22. 陈洪兵．解释论视野下的污染环境罪［J］．政治与法律，2015，34（7）．

23. 陈洪兵．环境犯罪主体处罚范围的厘定——以中立帮助行为理论为视角［J］．湖南大学学报：社会科学版，2017，31（6）．

24. 陈洪兵．"美丽中国"目标实现中的刑法短板及其克服［J］．东方法学，2017，10（5）．

25. 秦鹏、李国庆．论污染环境罪主观面的修正构成解释和适用——兼评2013"两高"对污染环境罪的司法解释［J］．重庆大学学报：社会科学版，2016，22（2）．

26. 陈兴良．刑法教义学与刑事政策的关系：从李斯特鸿沟到罗克辛贯通——中国语境下的展开［J］．中外法学，2013，25（5）．

27. 张明楷．阶层论的司法运用［J］．清华法学，2017，16（5）．

28. 张明楷．污染环境罪的争议问题［J］．法学评论，2018，39（2）．

29. 张明楷．罪过形式的确定——刑法第15条第2款"法律有规定"的含义［J］．法学研究，2006，41（3）．

30. 高铭暄、郭玮．论我国环境犯罪刑事政策［J］．中国地质大学学报：社会科学版，2019，19（5）．

31. 陈璇．结果无价值论与二元论之争的共识、误区与发展方向［J］．中外法学，2016，38（3）．

32. 刘伟琦．处置型污染环境罪的法教义学分析［J］．法商研究，2019，35（3）．

33. 刘伟琦．污染环境罪中"处置"行为的司法误区与合目的性解读［J］．

当代法学, 2019, 33 (2).

34. 刘斌、郑宇峰. 污染环境罪司法适用中对教义学立场偏离之反思——基于 269 份裁判文书的实证研究 [J]. 东岳论丛, 2019, 40 (4).

35. 马聪. 我国污染环境罪刑法适用实证研究 [J]. 东岳论丛, 2017, 38 (5).

36. 李梁. 德国环境刑法的立法模式及其对我国的借鉴意义 [J]. 法学杂志, 2018, 39 (11).

37. 李梁. 污染环境罪侵害法益的规范分析 [J]. 法学杂志, 2016, 37 (5).

38. 李梁. 环境污染犯罪的追诉现状及反思 [J]. 中国地质大学学报：社会科学版, 2018, 18 (5).

39. 吴献萍、刘有仁. 环境犯罪立法特色与机制评析——以巴西为例 [J]. 环境保护, 2018, 46 (21).

40. 王勇. 论司法解释中的"严重污染环境"——以 2016 年《环境污染刑事解释》为展开 [J]. 法学杂志, 2018, 39 (9).

41. 王勇. 环境犯罪立法：理念转换与趋势前瞻 [J]. 当代法学, 2014, 28 (3).

42. 耿佳宁. 污染环境罪单位刑事责任的客观归责取向及其合理限制：单位固有责任之提倡 [J]. 政治与法律, 2018, 37 (9).

43. 李冠煜. 污染环境罪客观归责的中国实践 [J]. 法学家, 2018, 33 (4).

44. 赵秉志、詹奇玮. 当代中国环境犯罪立法调控问题研究 [J]. 中国地质大学学报：（社会科学版）, 2018, 18 (4).

45. 柴云乐. 污染环境罪行政从属性的三重批判——兼论刑法对污染环境行为的提前规制 [J]. 政治与法律, 2018, 37 (7).

46. 黄旭巍. 污染环境罪法益保护早期化之展开——兼与刘艳红教授商榷 [J]. 法学, 2016, 39 (7).

47. 侯艳芳. 污染环境罪疑难问题研究 [J]. 法商研究, 2017, 33 (5).

48. 侯艳芳. 国环境资源犯罪的治理模式：当下选择与理性调适 [J]. 法制与社会发展, 2016, 22 (5).

49. 陈瑞华. 行政不法事实与犯罪事实的层次性理论——兼论行政不法行为向犯罪转化的事实认定问题 [J]. 中外法学, 2019, 41 (1).

50. 杨继文. 污染环境犯罪因果关系的证明 [J]. 政治与法律, 2017, 36 (12).

51. 张志钢. 摆荡于激进与保守之间：论扩张中的污染环境罪的困境及其

出路[J]. 政治与法律, 2016, 35 (8).

52. 焦艳鹏. 生态文明保障的刑法机制[J]. 中国社会科学, 2017, 38 (6).

53. 焦艳鹏. 我国环境污染刑事判决阙如的成因与反思——基于相关资料的统计分析[J]. 法学, 2013, 36 (6).

54. 焦艳鹏. 法益解释机能的司法实现——以污染环境罪的司法判定为线索[J]. 现代法学, 2014, 36 (1).

55. 焦艳鹏. 实体法与程序法双重约束下的污染环境罪司法证明——以2013年第15号司法解释的司法实践为切入[J]. 政治与法律, 2015, 34 (7).

56. 焦艳鹏. 我国污染环境犯罪刑法惩治全景透视[J]. 环境保护, 2019, 47 (6).

57. 李尧. 如何界定污染环境罪中的"处置"行为[J]. 中国检察官, 2014, 16 (8).

58. 付立庆. 中国《刑法》中的环境犯罪：梳理、评价与展望. 法学杂志[J]. 2018, 39 (4).

59. 田国宝. 我国污染环境罪立法检讨[J]. 法学评论, 2019, 40 (1).

60. 黎宏. 论单位犯罪的刑事责任[J]. 法律科学, 2001, 19 (4).

61. 叶良芳. 单位犯罪责任构造的反思与检讨[J]. 现代法学, 2008, 30 (1).

62. 陈冉. 企业公害犯罪治理的刑事合规引入[J]. 中国刑事法杂志, 2019, 39 (11).

63. 姜涛. 抽象危险犯中刑、行交叉难题的破解——路径转换与立法创新[J]. 法商研究, 2019, 35 (3).

64. 练育强. 行政执法与刑事司法衔接中证据转化研究[J]. 探索与争鸣, 2017, 32 (2).

65. 练育强. 行政执法与刑事司法衔接制度沿革分析[J]. 政法论坛, 2017, 39 (5).

66. 劳东燕. 风险社会与变动中的刑法理论[J]. 中外法学, 2014, 36 (1).

67. 劳东燕. 刑事政策与功能主义的刑法体系[J]. 中国法学, 2020, 37 (1).

68. 张泽涛. 论刑事诉讼非法证据排除规则的虚置——行政证据与刑事证据衔接的程序风险透视[J]. 政法论坛, 2019, 41 (5).

69. 吕忠梅、窦海阳. 修复生态环境责任的实证解析[J]. 法学研究,

2017, 52 (3).

70. 王金南、董战峰、蒋洪强、陆军. 中国环境保护战略政策 70 年历史变迁与改革方向 [J]. 环境科学研究, 2019, 32 (10).

71. 侯艳芳. 单位环境资源犯罪的刑事责任：甄别基准与具体认定 [J]. 政治与法律, 2017, 36 (8).

72. 严励. 刑事政策价值目标的追问 [J]. 政法论坛, 2003, 21 (5).

73. 刘清生. 论污染环境罪的司法解释 [J]. 福州大学学报：社会科学版, 2013, 20 (5).

74. 张福德. 美国环境犯罪的刑事政策及其借鉴 [J]. 社会科学家, 2008, 15 (1).

75. 赵旭光. "两法衔接"中的有效监督机制——从环境犯罪行政执法与刑事司法切入 [J]. 政法论坛, 2015, 33 (6).

76. 赵旭光. 环境犯罪选择性追诉及其抗辩——兼谈刑事诉讼程序性审查机制的建立和完善 [J]. 首都师范大学学报：社会科学版, 2017, 44 (1).

77. 赵旭光. 生态环境执法与刑事司法衔接中的证据问题及解决 [J]. 证据科学, 2017, 24 (5).

78. 喻海松. 污染环境罪若干争议问题之厘清 [J]. 法律适用, 2017, 32 (23).

79. 曾粤兴、周兆进. 论环境行政执法与刑事司法的衔接 [J]. 青海社会科学, 2015, 36 (1).

80. 董邦俊、李林波. 环境犯罪立案管辖探究 [J]. 法治研究, 2013, 7 (5).

81. 付立忠. 试论我国环境刑事诉讼 [J]. 中国人民公安大学学报, 1996, 12 (3).

82. 康慧强. 我国环境行政执法与刑事司法衔接的困境与出路 [J]. 郑州大学学报：哲学社会科学版, 2017, 50 (1).

83. 刘莹、杨明. 非传统安全视域下污染环境犯罪的惩治困境与对策 [J]. 中国刑警学院学报, 2018, 25 (5).

84. 武向朋. 我国设立环保警察制度之理性思考 [J]. 湖北警官学院学报, 2015, 18 (2).

85. 杜磊. 行政证据与刑事证据衔接规范研究——基于刑事诉讼法第 52 条第 2 款的分析 [J]. 证据科学, 2012, 20 (6).

86. 蒋兰香、刘水华、罗辉. 试论环境犯罪惩治的检察监督 [J]. 中南林业科技大学学报：社会科学版, 2016, 10 (3).

87. 蒋兰香. 生态修复的刑事判决样态研究［J］. 政治与法律, 2018, 37 (5).

88. 蒋兰香、罗辉. 我国污染环境罪惩治的司法困境及出路［J］. 中南林业科技大学学报: 社会科学版, 2017, 11 (6).

89. 敦宁、冯军. 环境犯罪"三元化"制裁体系之建构——以制裁目的之有效实现为中心展开［J］. 河北大学学报: 哲学社会科学版, 2015, 40 (4).

90. 蒋云飞. 论生态文明视域下的环境"两法"衔接机制［J］. 西南政法大学学报, 2018, 20 (1).

91. 王社坤、胡玲玲. 环境污染犯罪司法解释中抽象危险犯条款之批判［J］. 南京工业大学学报: 社会科学版, 2016, 15 (6).

92. 齐文远、吴霞. 对环境刑法的象征性标签的质疑——与刘艳红教授等商榷［J］. 安徽大学学报: 社会科学版, 2019, 53 (5).

93. 舒洪水、张晶. 法益在现代刑法中的困境与发展——以德日刑法的立法动态为视角［J］. 政治与法律, 2009, 28 (7).

94. 邢捷. 论我国环境警察制度的构建［J］. 中国人民公安大学学报, 2012, 28 (2).

95. 倪星、原超. 地方政府的运动式治理是如何走向"常规化"的？——基于 S 市市监局"清无"专项行动的分析［J］. 公共行政评论, 2014, 7 (2).

96. 杨继文. 中国环境治理的两种模式: 政策协调与制度优化［J］. 重庆大学学报: 社会科学版, 2018, 24 (5).

97. 于志刚. 从业禁止制度的定位与资格限制、剥夺制度的体系化——以《刑法修正案（九）》从业禁止制度的规范解读为切入点［J］. 法学评论, 2016, 37 (1).

98. 冯俊伟. 行政执法证据进入刑事诉讼的规范分析［J］. 法学论坛, 2019, 34 (2).

99. 王秀梅. 英美法系国家环境刑法与环境犯罪探究［J］. 政法论坛, 2000, 22 (2).

100. 许玉秀. 水污染防治法的制裁构述——环境犯罪构成要件的评析［J］. 政大法学评论, 1992, 24 (1).

101. 潘怡宏. 现行刑法污染环境媒介罪之修正刍议［J］. 月旦法学杂志, 2018, 34 (7).

102. ［德］阿耳宾·埃斯尔. 二十世纪最后十年里德国刑法的发展［J］. 冯军, 译. 法学家, 1998, 13 (6).

103. ［德］沃斯·金德豪伊泽尔. 适应与自主之间的德国刑法教义学——

用教义学来控制刑事政策的边界［J］．蔡桂生，译．国家检察官学院学报，2010，18（5）．

104. ［日］今井猛嘉．环境犯罪［J］．李立众，译．河南省政法管理干部学院学报，2010，17（1）．

105. ［日］平野龙一．日本对自然环境的刑罚性保护——在第十二届国际刑法会议上的报告［J］．郭布、罗润麒，译．环球法律评论，1981，3（2）．

106. ［德］格·伊·福格尔．德意志联邦共和国对环境的刑事法律保护［J］．马骧聪，译．环球法律评论，1981，3（4）．

107. ［韩］金日秀．环境风险的新挑战与刑法的应对［J］．郑军男，译．吉林大学社会科学学报，2019，59（2）．

108. ［德］米夏埃尔·库比策尔．德国《刑法典》修正视野下的刑事政策与刑法科学关系研究［J］．谭淦，译．中国应用法学，2019，3（6）．

（二）外文类

1. Estonian Research Council; Police officers consider environmental crimes less important than conventional misconducts［J］．NewsRx Health & Science，2019．

2. Anna Rita Germani, Alan P. Ker, Angelo Castaldo. On the existence and shape of an environmental crime Kuznets Curve: A case study of Italian provinces［J］．Ecological Indicators，2020，108（1）．

3. Science-Social Science; Findings from Catholic University of Leuven in the Area of Social Science Reported (Sanctioning of environmental crime in the European Union: The case of Flanders, Belgium)［J］．Science Letter，2018．

4. Barazzetti Barbieri Cristina, de Souza Sarkis Jorge Eduardo. Estimating the uncertainty from sampling in pollution crime investigation: The importance of metrology in the forensic interpretation of environmental data．［J］．Forensic science international，2018，188（4）．

5. David M. Uhlmann. After the spill is gone: the gulf of Mexico, environmental crime, and the criminal law［J］．Michigan Law Review，2011，109（8）．

6. Trusca, Andrada. Criminal liability in environmental law［J］．Land Forces Academy Review，2011，16（2）．

7. Marty, Kirk F. Criminal prosecution of responsible corporate officers and negligent conduct under environmental law［J］．Natural Resources & Environment，2009，23（3）．

8. 山中敬一．德国环境刑法解释论上之诸问题［J］．刑法杂志，1992，32（2）．

三、博士论文

1. 李华. 环境刑事诉讼启动研究 [D]. 青岛：中国海洋大学，2012.
2. 邢捷. 现代环境警察制度研究 [D]. 武汉：武汉大学，2015.
3. 侯宏林. 刑事政策的价值分析 [D]. 北京：中国政法大学，2004.
4. 侯艳芳. 环境犯罪构成研究 [D]. 济南：山东大学，2009.

后　记

随着经济和社会的发展，环境问题已经成为国家和社会公众共同面临的社会问题。习近平总书记提出了"宁要绿水青山，不要金山银山；金山银山就是绿水青山"。社会经济发展和生态环境保护必须相互促进、协调发展，当国家或者区域经济发展与生态保护相冲突时，以生态保护优先。污染环境犯罪在侵害公民的人身权利、财产权利以及环境管理秩序的同时，也严重侵害环境法益，污染环境罪的刑事惩治是污染环境犯罪治理的最后一道屏障，该领域的研究具有重要的理论与实践意义。

我自2013年以来开始关注污染环境罪的刑事惩治方面的研究。2013年雾霾成为年度的关键词，全国最大的500个城市中，只有不到1%的城市达到世界卫生组织推荐的空气质量标准。人们生活中习以为常的新鲜空气、蔚蓝天空、清澈河流、纯净海洋已经成为远去的记忆。作为一名法学学者，每天看到天空中的雾霾，面对触目惊心的环境污染现实，为环境法治的发展尽些微薄之力的想法油然而生。我为此开始了资料搜集整理、写作思路确定，从而开始书稿的写作之路。书稿即将完成的2020年也注定是不平凡的一年，突如其来的新冠肺炎止住了人们匆匆前行的脚步，南极的气温首破20度，北极的甲烷即将爆发，澳大利亚燃烧7个月的大火终被暴雨扑灭，随之而来的却是洪水的危险。我们不禁感慨：地球怎么了？人类终究只是有着几十亿年历史的地球的一员，敬畏自然、保护自然、与自然和谐共处是我们保护自己最好的方式。

在本书即将出版之际，首先要感谢我的博士生导师柳忠卫教授。一路走来，恩师给了我太多的教诲和关怀。老师渊博的学识、严谨的治学、谦和的为人永远是学生学习的榜样。老师和师母在学生成长的道路上倾注了太多的心血，能够成为恩师的学生，是我终身的荣幸。

感谢我的硕士生导师吉林大学闵春雷教授，是老师引领我开启一段新的学习生活，将我带入法学研究的殿堂。如今，我的脑海中还经常浮现聆听老师精彩授课、向老师请教学术问题、共同畅谈人生理想的场景。在老师从教30年的聚会上，当听到老师说最开心的是能够帮助学生实现自己的人生价值时，我不觉潸然泪下。

感谢曾经培养我的山东大学法学院！从美丽而富有底蕴的洪家楼5号到幽静而充满朝气的青岛海滨，山东大学法学院留给了我太多的回忆！感谢吉林大学法学院！从东荣法学院到经信教学楼，从南六宿舍到大学食堂，虽然已经离开十年有余，法学院发生的点点滴滴我都永远铭刻于心！

感谢山东省高等学校计划科研项目和山东省人民检察院理论研究项目对我在环境污染刑事治理研究中的肯定与支持！

感谢山东建筑大学法学院，这个充满温暖与朝气的团队！感谢领导与同事在教学与科研活动中给予我的支持！感谢我亲爱的学生们，他们使我感受到从事教学工作的乐趣，也获得了很多科研中的灵感，能够与你们共同获得成长，我感到无限光荣！

感谢父母多年来对我的鼓励与支持，无怨无悔为我承担了生活的重任；感谢爱人对我的宽容与理解，十几年相濡以沫忍受了我的坏脾气；感谢亲爱的宝贝们，他们使我感受到了生活的美好，是我前进最大的动力；感谢自己多年的追求，永不放弃。

将自己多年以来的思考出版成书，可谓有激动，更有忐忑，学术研究的道路漫长而布满荆棘，我热爱法学专业，热爱我所从事的教师职业，我会重新出发，不懈追求，我会在路上。

马聪

2020年2月26日于济南